narrazioni chiarelettere

UN AUTUNNO D'AGOSTO

A David

Marta, Marta, tu ti affanni e ti agiti per molte cose,
ma di una cosa sola c'è bisogno.
Maria ha scelto la parte migliore, che non le sarà tolta.

Lc 10, 38-42

1

Devo partire da Clara. Tra tutte le storie che raccontano quella storia, è l'immagine di Clara la prima che torna alla memoria.

Quando gli adulti ne parlavano, abbassavano la voce in segno di rispetto, o di pudore. Così la voce diventava un sussurro. C'era questa bambina, dicevano, si chiamava Clara. Ogni volta la sua storia sembrava raccontata per la prima volta, sempre con lo stesso stupore. Clara sopravvissuta, l'unica sopravvissuta. Dicevano: le hanno sparato alle gambe, l'hanno graziata, forse quel tedesco che doveva finirla non ce l'ha fatta. Un gesto di umanità. C'è sempre la pretesa di un gesto di umanità anche lì dove l'umanità si è interrotta. Persa, cancellata. Non il caso, quindi, ma l'umanità.

Così Clara viveva nella mia immaginazione e nei miei incubi. La guerra era Clara, ed era il passo marziale dei soldati. Ecco il mio incubo più ricorrente, da bambina: il passo marziale dei soldati tornava nelle mie notti a rivelare ogni angoscia infantile. Clara invece era l'umanità, era la speranza.

E dunque c'era questa bambina, si chiamava Clara Cecchini, aveva sette anni. Era la figlia dei mezzadri della fattoria. Quando la mitraglia iniziò il suo lavoro, lei cadde a terra, colpita dai proiettili a un piede, a un braccio, allo sterno. Dicevano, gli adulti: è rimasta sempre un poco zoppa. Quando i soldati passarono in rassegna i corpi per scovarne qualcuno ancora vivo e spararli alla tempia, curvi a controllare che nessun gemito si levasse sempre più flebile dal campo ormai rosso di sangue, a Clara non spararono. Dicevano, gli adulti: rimase sotto i corpi di sua madre, di suo padre, dei suoi fratelli. Ci rimase per un intero pomeriggio, come se fosse morta, ma era ancora viva.

Aprì gli occhi perché il peso di quei corpi, o di quel che ne restava, le aveva quasi tolto il respiro, e perché aveva sete e aveva fame, le mosche le avevano coperto le palpebre, le narici e gli angoli della bocca. Il sangue degli altri insieme al suo le si era rappreso sui vestiti e sulla pelle, ma Clara non vedeva e non capiva. Riuscì a sollevarsi aiutandosi coi gomiti, un corpo fra tutti quei corpi, suo padre le stava sopra per intero lasciandole fuori solo la testa. Si trascinò lentamente fino al pergolato di vite, passando sopra i pezzi dei cadaveri e nel sangue che la terra dura di agosto non riusciva ad assorbire. Troppo sangue, troppi morti. Vide il profilo del corpo di suo padre distrutto dai proiettili. Dal pergolato pendevano grappoli violacei d'uva non ancora del tutto matura. Ne mangiò un po' ma la sete non passava, allora entrò nella sua casa.

La porta d'ingresso era aperta. In cucina c'era un altro cadavere: un uomo bocconi con la testa quasi staccata dal corpo. L'acqua era sul tavolo, ma per arrivarci Clara doveva scavalcare quel corpo. Ci riuscì non senza fatica, perché l'uomo era robusto e le gambe erano rimaste leggermente aperte. Raggiunse il tavolo, prese la bottiglia, ci attaccò le labbra. L'acqua era fresca.

Clara sentì un rumore di voci da sotto la fattoria che si affacciava su un bosco scuro di acacie e castagni, con un sentiero che portava fino al vecchio mulino. Erano le voci dei soldati, pensò, ed ebbe di nuovo paura di morire. Così tornò al campo, perché non sapeva dove altro andare, e perché se una possibilità aveva di restare viva era tornando a fingere di essere una morta tra i morti. C'erano tutti quei cadaveri ma era come se lei non li vedesse, e il dolore che sentiva – al piede, al braccio, al petto – era così fermo da non provocarle alcuna angoscia. Si guardava da fuori, e guardava da fuori anche il suo dolore. Si accoccolò quieta vicino a quei corpi: alla mamma, al babbo, alla sorellina e al fratellino, ai nonni, agli zii, ai cugini e a tutti gli altri – tantissimi, troppi – sotto il pergolato. Il sole d'agosto calava e il ronzio perpetuo delle mosche si faceva più sottile nell'aria della sera. Accucciata, le gambe strette al petto, gli occhi chiusi, Clara rimase immobile. Non piangeva. La fattoria era silenziosa, la luna già alta e tutto era finito, ormai. Mentre la notte scendeva dietro le colline, Clara doveva soltanto aspettare.

Clara Cecchini è morta cinque anni fa, nel 2018. Dopo la strage rimase in ospedale per un mese, finita la guerra fu adottata dalla figlia dei padroni della fattoria. La mamma adottiva, che aveva anche lei perso tutta la famiglia nello sterminio, soffriva di disturbi nervosi. L'amava, ma non glielo sapeva dire. Clara studiò in collegio, a Volterra, fino a prendere la licenza media, grazie ai soldi che lo Stato passava ogni mese agli orfani e mutilati di guerra: 1950 lire. Si sposò a ventotto anni, nel 1964, e dopo il matrimonio andò a vivere con suo marito a Fosdinovo. Ha avuto due figli, maschi. I proiettili le avevano scarnificato il braccio sinistro, lasciandole una cicatrice profonda con un vuoto di pelle e di muscolo a metà tra il gomito e la spalla, e altre cicatrici le aveva sul piede sinistro, sulla coscia destra e sul petto. Invecchiò magra, dritta e gentile, lo sguardo timido e profondo sotto le sopracciglia spesse e scure.

Quando all'inizio degli anni Duemila fu intervistata per un documentario sulle stragi nazifasciste dell'estate del 1944 e le chiesero se pensasse di aver avuto giustizia, lei rivolse un breve sorriso all'intervistatore: «Cosa vuole che facciano giustizia dopo sessant'anni, che a perdere la mamma... e poi com'era la mia mamma...». In quel momento i suoi occhi immobili e dolci si riempirono di lacrime, in mezzo a quel breve sorriso: «Come la mia mamma ce n'era poche».

Mi è spiaciuto non averla conosciuta. Di lei conservo l'icona limpida dell'immaginazione infantile, netta e lucida perché non raccoglie le ombre e le sfumature dell'età adulta. Gli adulti che mi parlavano di Clara lo facevano col riguardo che si deve ai sopravvissuti, e i sopravvissuti si portano sempre dietro un che di eroico e di sospetto, perché è sempre sospetto chi abbia sfidato il destino, e sfidandolo sia riuscito a vincerlo. Solo loro sanno che sopravvivere è insieme un dono e una colpa da portarsi addosso fino alla fine.

Ci ho messo troppo tempo a decidermi, e il tempo mi ha tradito: Clara se ne è andata prima che trovassi il coraggio di trasformare i miei sogni e i miei incubi in una storia vera. Oggi, immaginandola in quel pomeriggio del 19 agosto 1944, sola nel campo di cadaveri e di sangue, mi viene voglia di stringerle le mani. È un istinto di consolazione, il mio. Per lei e per me stessa.

Gli adulti che mi parlavano di lei non parlavano mai del resto, come se il resto non li riguardasse. Parlavano della strage e di Clara, e dei tedeschi e dei partigiani e di tutti quei morti – centocinquantanove morti – come se non ci fosse anche un pezzo della nostra famiglia tra di loro. È così che ci si protegge dal dolore? È così che ci si protegge dalla colpa, dalla rabbia, dalla paura dei ricordi? Anche noi in fondo siamo solo dei sopravvissuti, ciascuno con la sua piccola storia fatta di coincidenze e di destino e di speranze. Quando la guerra racchiude in un cerchio stretto le possibilità di vita e di morte, ogni esistenza si riduce a un grumo vivido di scelta e di caso.

Fu per una combinazione di scelta e caso se mia nonna Iolanda è sopravvissuta alla strage nazifascista di San Terenzo Monti, il 19 agosto 1944, e se la mia bisnonna in quella stessa strage è morta, e se mia madre e dunque io stessa oggi esistiamo. Scelta e caso. Ecco la sostanza del nostro stare al mondo: il resto è solo un accidente ornamentale.

Ci ho messo troppo tempo. La vita mi ha sempre portata altrove, lontano da lì. Conoscevo tutta la storia e poi, certo, conoscevo la storia di Clara; sapevo della mia bisnonna e sapevo della paura che la mia nonna non aveva mai superato; sapevo di come, se sentiva parlare tedesco, lei si chiudesse in casa con un senso di rifiuto e di disgusto. E questo è successo fino alla fine dei suoi giorni, è morta nel 1996, lei aveva ottantadue anni, io undici. Conoscevo lo sgomento nei suoi occhi quando i discorsi roteanti tra la cucina e il salotto – mentre era venuto a trovarla un parente o un vecchio vicino di casa – prima o poi andavano a finire inesorabilmente lì: 19 agosto 1944 e dintorni. Sapevo tutto e tutto mi si era conficcato dentro, eppure era come se non mi riguardasse. Dov'era quel luogo, San Terenzo Monti? Chi esattamente ci aveva abitato? E Clara e Roberto e Anna e Luisa e Mario, Angelo, Ivo, Angiolina, Alba, Alfonsino, Maria: non mi riguardavano se non come voci, ombre, ricordi altrui che mi erano rimasti addosso per via di quella curiosità e ostinazione di voler ascoltare i discorsi degli adulti, anche quando dicevano vai-di-là-a-giocare, anche e soprattutto quando parlavano di Clara e del passo marziale dei soldati in marcia. Mi ricordo la scena, come fosse un dipinto: il tavolo rotondo di legno economico, le sedie di legno e di paglia, squadrate, un vaso di madreperla a forma di conchiglia al centro del tavolo, che raccoglieva dei tulipani di carta brillante sui toni dell'azzurro e del pervinca. Dietro la finestra, oltre le tende troppo corte, si vedevano il balcone stretto e lungo, la ringhiera di ferro dipinta di verde e, in lontananza, il triangolo verde e argento degli ulivi. Mia nonna con un vestito a vestaglia blu portava il tè, sedeva un po' di sbieco, i suoi ospiti bevevano il tè e mangiavano biscotti, io mangiavo solo i biscotti, non stavo mai seduta composta, finivo per mettermi a terra, sul pavimento di mattonelle marroni, con dei fregi a forma di fiori neri in leggero rilievo. Seguivo col dito quei rilievi e ascoltavo.

Quando gli adulti parlano, i loro discorsi hanno sempre un qualcosa di sacro. Seguivo i fiori e ascoltavo. E forse loro si dimenticavano di me.

Per molti anni non ci pensai più. E se oggi ne scrivo, se ho deciso di mettere ordine tra quei sogni e quegli incubi, è a

Roberto Oligeri che devo tutto. Anche lui se ne stava come Clara tra le immagini della mia infanzia, anche lui era l'ombra di voci e di ricordi affastellati in fondo alle memorie dei vecchi, raccolte con curiosità e ostinazione da noi bambini. Vecchi e bambini sono gli estremi della catena della vita, per questo si intendono in un modo più naturale ed empatico, o forse addirittura telepatico: vecchi e bambini sono il limite, l'inizio e la fine, il prima e il dopo riuniti nel cerchio del tempo. Per questo condividono in modo più vivido l'essenza. I bambini la intuiscono, perché non sono ancora corrotti dall'esperienza; i vecchi la comprendono, perché la fine della vita toglie gli alibi delle distrazioni, obbliga a recuperare l'innocenza dell'origine.

Roberto Oligeri fu il primo di quelle ombre a farsi carne e ossa. Accadde all'inizio di agosto del 2019. Il 5 agosto, per l'esattezza. Mi arrivò una sua mail, che divenne in breve una serie di mail, poi una telefonata: una voce, ancora una volta, ma finalmente reale. Io vivevo a Firenze, avevo da pochi giorni iniziato a dirigere il quotidiano di quella città: «La Nazione».

«Buonasera Direttrice.» Così iniziava: aveva scritto Direttrice con la D maiuscola. Mi fece effetto.

«Sono Roberto Oligeri, collaboratore dalla lontana Lunigiana, esattamente dal Comune di Fivizzano. Nel congratularmi con Lei per il prestigioso nuovo incarico, Le esterno tutta la mia soddisfazione e orgoglio nell'avere constatato che Lei, per parte materna (sua nonna era la signora Iolanda Angelotti), ha radici a San Terenzo Monti, il mio stesso paese natale, dove vivo stabilmente da sempre.»

Capii subito chi fosse Roberto Oligeri. Capii: fu un sussulto inatteso della memoria. Le prime mail furono un rincorrersi tra le pieghe del passato, giocando allo stupore, scommettendo sulla distanza degli anni.

«Davvero conosceva mia nonna?» gli scrissi, quasi a prendere tempo.

Oligeri incalzava: «Ricordo bene che, ormai troppi anni fa, alla festa patronale di San Terenzo che cade ogni 15 luglio, il fratello di Sua nonna presentava questa signora a delle persone lì in piazza dicendo "lei è mia sorella Iolanda". So che si era sposata ed era andata ad abitare verso la zona della Serra di Lerici, però onestamente sono ricordi flebili. A volte la sentivo menzionare dagli anziani, nella locanda del paese. Oltre a questo ho avuto occasione, qualche anno fa, in casa di amici, di fare conoscenza con Sua madre, se non ricordo male si chiama Mira. Di lei mi colpì questa frase: "Mia figlia mi dice sempre che è disposta a fare qualsiasi sacrificio pur di realizzarsi nella professione". E nel leggere, il primo agosto scorso, la Sua lettera di presentazione come direttore ai lettori del giornale, mi sono detto: ecco realizzato il sogno di Agnese Pini».

Ci scrivemmo altre mail, parlando come una volta sentivo parlare gli adulti: gli stessi discorsi tra la cucina e il salotto, al tavolo di legno rotondo, ma io non ero più seduta sul pavimento, adesso. Come accadeva allora, anche noi finimmo per precipitare lì: lo sapevo che ci saremmo arrivati, eppure non volevo. Resistetti per molte altre frasi e per molti altri discorsi. Resistetti, ma la gravità dei ricordi negati è una forza a cui la coscienza non si può opporre.

Scrissi: «Perché non viene a trovarmi a Firenze?».

E lui: «Non la prenda per una mancanza di riguardo, ma deve darmi un poco di tempo. Saprà che tra pochi giorni ricorre l'anniversario della strage di San Terenzo del 19 agosto 1944. Strage a cui non sono estraneo: mio padre era l'oste del paese e fu costretto a dare da mangiare al maggiore delle SS Walter Reder proprio negli stessi minuti in cui Reder, mangiando e bevendo tutto quello che di poco allora c'era, ordinava ai suoi uomini lo sterminio alla fattoria di Valla, in cui morirono tra gli altri la prima moglie di mio padre e i suoi primi cinque figli: il più piccolo aveva tre anni, il più grande diciannove».

Certo che lo sapevo. Conoscevo la sua storia, la storia di suo padre, Mario Oligeri, e della sua prima famiglia: decine di volte l'avevo sentita raccontare. Eravamo precipitati, dunque, non potevamo più tornare indietro.

Scrissi, questa volta con un certo sforzo: «La mia bisnonna è morta nella strage». Sapeva tutto anche lui. Quanto tempo, quante frasi, quanti discorsi avevamo impiegato per dircelo?

«Sì, Agnese.» Adesso mi chiamava Agnese. «La sua bisnonna, la signora Palmira Ambrosini, morì nella strage del 19 agosto 1944. È assolutamente così. E io sono figlio del secondo matrimonio di Mario Oligeri, l'oste di San Terenzo a cui i nazisti sterminarono la prima famiglia, e mi porto dietro questa tragedia da quando ho iniziato, fin da bambino, a scoprire il mondo.»

Mi invitò a San Terenzo, promisi che sarei andata presto, ci salutammo affettuosamente. Passarono i mesi, io non andai. Mi telefonò, mi scrisse altre mail, ma io rispondevo con maggiore lentezza delle prime volte, e la lentezza divenne a un certo punto indolenza, poi quasi fastidio. Venne lui a Firenze, era ormai autunno inoltrato, mi portò in dono il certificato di nascita della mia bisnonna, recuperato dagli archivi del Comune. Entrò nel mio ufficio, in redazione:

aveva una giacca blu di lana e uno zainetto. Dentro lo zainetto, il certificato. Lo accolsi abbracciandolo, intimamente commossa, ma mi sentivo a disagio. Il fantasma che prima era diventato una mail, poi una voce, una voce reale, adesso aveva anche un volto: Roberto Oligeri era un signore magro e svelto, gli occhi vivaci e acutissimi, con un'ombra di tristezza che non ne offuscava in alcun modo il bagliore vitale. Parlava con l'esatta lucidità di chi ha la mente chiara e chiari gli obiettivi, mentre io ero timida e smarrita, e cercavo di mascherare quei sentimenti ostentando una specie di gentile e educata noncuranza. Chiacchierammo per oltre un'ora, lui mi parlò brevemente di sé, dell'infanzia a San Terenzo, di suo padre e di sua madre e di suo fratello, del lavoro nel negozio di famiglia, della collaborazione con il giornale, dell'amore per la scrittura, della sua vita nel paese in cui era nato e in cui desiderava morire. Mi raccontò che per lui quella di ricordare era stata prima un'ossessione e poi era diventata una missione. Mi salutò dicendo: «Ti aspetto a San Terenzo». Tornai a promettergli che ci sarei andata: «Vengo appena posso».

Mancai l'appuntamento per altri tre anni.

2

Nel parcheggio circondato da fitti boschi ottobrini, con alle spalle una spianata di ulivi e più sotto, a strapiombo, l'orizzonte fatto solo di colline, il silenzio era così intatto che potevo contare i tonfi dei ricci di castagne quando si staccavano dai rami per finire sulla terra scura, umida e compatta.

Roberto Oligeri arrivò con una puntualità che non mi sorprese, e che mi fece piacere: la solennità dei momenti, anche così intimi, ci pare più legittima quando viene condivisa. Così quel suo spaccare il minuto, la fretta con cui scese dalla macchina, la delicatezza con cui si sforzò di fare un saluto che non suggerisse imbarazzi, mi apparvero un garbato suggello di complicità.

«Sono arrivata, finalmente.» Gli strinsi la mano sorridendo, spensi la sigaretta contro il guardrail, presi la borsa che avevo appoggiato a terra mentre lo aspettavo. «Di là?»

«Sì. Seguiamo la strada, ci vogliono meno di venti minuti.»

Il sentiero saliva leggermente in un susseguirsi di anse allungate e dolci, su cui il sole del primo pomeriggio scolpiva luci, riflessi e ombre attraverso le foglie delle acacie intorno al percorso. Le prime case apparvero dopo la seconda curva: erano basse, non oltre i due piani, senza balconi, dalle facciate nei colori del grigio e dell'ocra. Davanti ai portoni stretti, in ferro dipinto e doppi vetri smerigliati e opachi, solo un gradino di marmo consumato e ingiallito separava gli ingressi dall'asfalto.

Oligeri camminava un passo davanti a me, ogni tanto si voltava a darmi brevi occhiate che tradivano un filo di ansia: «Ci siamo quasi. Ecco, tra cento metri troviamo l'emporio».

L'emporio era uguale a tutte le altre case attorno: il colore dei muri reso ancora più pallido dalla luce autunnale, tre casse di birra Moretti accatastate in un angolo, sopra un basamento di calce e sotto una tenda a righe bianche e azzurre. Cercando di non perdere il passo, spiai attraverso le imposte semichiuse, sbirciai appena oltre l'ingresso che restava nella penombra. Speravo che qualche dettaglio riuscisse a far vibrare le immagini che mi portavo dentro, come avviene nelle sedute spiritiche, quando l'anima dei morti si manifesta in un colpo sul tavolo.

Oligeri non guardò l'insegna che portava il suo nome, proprio davanti all'entrata, «Antica salumeria Oligeri». Disse, e questa volta senza voltarsi: «Laggiù».

Tagliammo attraverso una strada di sasso, con le case dalle mura alte, spesse e antiche che ombreggiavano tutto il percorso. Superammo la chiesa, risalimmo un viottolo che finiva di fronte a una costruzione di arenaria.

Le acacie erano sparite: un'onda di vecchi vigneti lambiva adesso la strada sui due lati. La luce arrivava in quel punto più piena e più densa, aggrumandosi sulla pietra scura di un muretto a secco, in cui ogni masso era circondato da un'aureola di muschio fresco. Alzando lo sguardo di fronte a noi, le Apuane vegliavano sulla distesa di colline come fedeli sentinelle: il monte Sagro con la sua punta schiacciata, il Pizzo d'Uccello maestoso, il Pisanino di roccia spoglia e aguzza che riverberava una luce azzurrata sotto i raggi del pomeriggio. Rallentammo il passo, forse senza accorgercene. L'odore: riconoscevo quell'odore. Finalmente lo riconoscevo. Era un odore che mi era tante volte entrato nelle narici, fissandosi nei ricordi con la tenacia e l'esattezza che solo l'olfatto regala alla memoria. Foglie umide e calpestate, acini avvizziti sui tralci, arbusti bruciati dai contadini che puliscono le piane. Dissi, ma come a me stessa: «È bello qui».

Il mio accompagnatore allora si fermò, gli tremavano appena le ginocchia, forse per un travaso d'emozione che doveva aver colto all'improvviso entrambi. Nel girarsi verso di me, il sole gli illuminò il volto per tre quarti, lasciandogli un bagliore bianco sulla guancia sinistra e sul dorso del naso: mi parve che avesse gli occhi umidi, o erano semplicemente affaticati. Un ciuffo di capelli grigi gli scivolò appena sulla fronte. «Dobbiamo partire da qui. Immagina di non aver ancora visto nulla, finora. Perché dobbiamo partire da qui.»

La fattoria restava sullo sfondo: la stalla, la casa padronale, la colonica dei mezzadri. A quel punto la strada scendeva leggermente, terminando in un crocevia che raccoglieva la fine o l'inizio di altri due sentieri, entrambi sterrati, mentre un terzo sentiero erboso si apriva alla nostra destra, circondato da un filare di cipressi. La lapide, al centro di quei cipressi, era semplice e austera, una doppia lastra di marmo coi nomi dei morti in ordine alfabetico.

Sapevo che il nome, il mio nome, il nome che cercavo, sarebbe stato tra i primi, ma non osai guardare subito. Mi concentrai sull'interezza di quel santuario laico, sulla sua vertiginosa promessa: mai più. Quanti secondi ci vogliono per leggere la propria storia, per raccoglierla tutta in un istante, in un nome?

Oligeri non parlava, aveva capito. Scomparve dal mio campo visivo con la dolcezza con cui le ombre si sciolgono nel buio quando il tramonto cede il passo alla sera. Ero sola.

Uno, due, tre, quattro, cinque: era il sesto nome, il mio. Ambrosini Palmira, 20 gennaio 1886 – 19 agosto 1944.

La leggenda racconta che il corpo di san Terenzio, vescovo di Luni, trucidato in un agguato dai suoi servi, fu trasportato su un carro da due buoi che andavano avanti da soli senza guida. I buoi arrivarono fino al torrente Bardine, dopo aver percorso lenti e smarriti, ma indomiti, le tortuose mulattiere che incidevano l'Appennino nel triangolo di terra stretta ai confini della Toscana, della Liguria e dell'Emilia, la terra che si chiama Lunigiana. Terra della luna.

Il torrente Bardine era allora come si vede ancora oggi: in estate un rivolo stretto tra le rocce, che nei mesi delle piogge si ingrossa coprendo quasi per intero l'ampio letto di sassi bianchi, circondato da una boscaglia che disegna una trama fitta di ombreggiature sul pelo dell'acqua. Per questo il torrente si riempie di tinte lucide e smeraldine sotto i raggi del sole di mezzogiorno, riflettendo al contempo il bianco delle pietre e il verde del bosco.

Giunti alla riva, stremati, i buoi che trasportavano Terenzio si abbeverarono e poco dopo morirono, lasciando il corpo del santo ai bordi del Bardine. Fu lì, per custodire le sacre spoglie, che nel 728 venne costruita la chiesa di quello che diventò il paese di San Terenzo Monti.

Terenzio era un monaco scozzese del VI secolo: approdato via nave e dopo molte peripezie a Portiolo di Lerici, avrebbe dovuto raggiungere Roma. Non ci arrivò mai. Si fermò nel villaggio a strapiombo sul mare, vendette tutti i suoi beni per dedicarsi interamente alla piccola comunità locale di poveri e miti pescatori. Quando morì, gli uomini e le donne di Portiolo, privati delle spoglie, decisero che almeno avrebbero dovuto consacrargli per sempre la memoria del paese, che da allora si chiama San Terenzo. Ancora oggi i due paesi, San Terenzo che guarda il mare e il sole del golfo di Lerici, e San Terenzo Monti sulla valle del Bardine tra le Alpi Apuane e gli Appennini, sono collegati da una strada che si inerpica per oltre venti chilometri tra una rete tuttora inestricabile di boschi di castagni, con poche case e minuscoli villaggi che interrompono su aspre radure la compattezza selvaggia del paesaggio.

Roberto Oligeri mi raccontò la storia di Terenzio mentre ce ne stavamo seduti sotto la fila di cipressi, su una panchina di legno che era stata messa accanto alla lapide. Non so perché ci trovammo a parlare di quella vecchia leggenda proprio adesso che la memoria e l'emozione avrebbero dovuto trascinarci in altri ricordi. La bellezza di quel luogo era così nitida, il silenzio così intatto, che restituivano davvero la solennità di un santuario: il cielo per soffitto, le strette valli e le alte colline sullo sfondo come pareti.

Mia nonna diceva che dopo la strage i vecchi padroni e i nuovi mezzadri avevano smesso di coltivare la collina, e le antiche viti che per secoli ne avevano disegnato il dolce profilo si erano a poco a poco trasformate in una distesa erbosa, che in primavera e fino alla prima estate si riempiva di margherite, campanule, bocche di leone e, a partire da inizio giugno, papaveri. Null'altro era cambiato della fattoria di Valla: a sinistra, all'imbocco del crocevia di sentieri, c'era ancora la grande stalla in pietra, con le porte di legno dipinte di verde, le strette bocche d'aria in muratura che disegnavano una trama di aperture intermittenti sulle facciate laterali, in due file perfettamente simmetriche. La casa che era stata di Clara Cecchini era proprio davanti alla stalla: bianca e squadrata, si sviluppava su tre piani sfalsati, collegati da una rete di scale esterne che portavano fregi di marmo annerito dal tempo sui piccoli capitelli a sostegno delle ringhiere. Ombreggiata da una famiglia di faggi che ne dominava il tetto, aveva l'ingresso esposto a ovest.

Anche dopo che si era sposata, ed era andata a vivere con il marito a Fosdinovo, Clara non aveva smesso di curare la fattoria, aveva continuato a considerarla la sua casa. Ma da quando era morta, e l'intero complesso era rimasto disabitato, l'edera era cresciuta sulla facciata, coprendo quasi per intero il vecchio cancello d'ingresso, mentre nella terrazza in pietra annerita dall'umidità e dal muschio le erbacce avevano invaso gli interstizi tra il pavimento e i larghi parapetti. Le piccole crepe sull'intonaco, la polvere densa che ingrigiva le imposte marroni, davano alla casa l'aspetto malinconico dell'assenza. Alle sue spalle, il bosco era diventato fitto e ostile, e i sentieri un tempo ampi e puliti che portavano giù fino al torrente Bardine e al vecchio mulino, erano ormai quasi impraticabili per via dei rovi, delle radici e delle erbe infestanti.

Non so dire che cosa avesse spinto Clara Cecchini a non andare mai via da lì, a voler tornare come in un pellegrinaggio perpetuo in quella casa, in quella stalla, in quel campo che avevano visto consumarsi la fine di tutto, della sua famiglia e della sua infanzia. Non so dire perché non avesse mai desiderato andare altrove, cercare in nuovi panorami e in nuovi accenti la scusa per sfuggire al passato e alla memoria.

Neppure Roberto Oligeri era mai voluto andare via da San Terenzo Monti. Di certo non gli erano mancate le possibilità, le opportunità, ma aveva scelto di restare, e quella scelta mi lasciava stupita e ammirata ma anche diffidente, perché in fondo la forza ostinata di stare attaccati a ciò che siamo, a ciò da cui veniamo, mi sembrava pericolosa.

La mia famiglia se ne era andata a poco a poco. Si era dispersa in nuovi paesi e poi in nuove città, aveva cercato attraverso la lontananza fisica la giusta distanza dal dolore e dai ricordi. E dal senso di colpa. Eppure anche loro, che per sopravvivere avevano deciso di dimenticare, non erano riusciti a cancellare il passato. Così il passato tornava a vivere imbucandosi senza preavviso nei momenti più inaspettati, con uno strano contrappasso: mano a mano che il tempo scavava gli anni tra la strage del 19 agosto 1944 e il presente, la memoria riemergeva più viva, recuperava voci e racconti. Mia nonna iniziò davvero a parlare della strage solo quando divenne vecchia, come se la distanza degli anni riuscisse a restituirle le parole. Mentre io avevo assorbito la necessità del distacco come condizione dello stare al mondo.

Forse per questo tornare a San Terenzo, o meglio andare a San Terenzo, mi era costato tanta fatica. Tanto tempo.

Tanti pensieri, tanti ripensamenti, tante false partenze. Dico andare, e non tornare, perché non ricordo di essere mai stata a San Terenzo prima di quella domenica di ottobre in cui Roberto Oligeri mi diede appuntamento al parcheggio, alle tre del pomeriggio, davanti al bosco di castagni. Mia madre giura di sì, giura di avermici portato: alla lapide, al cimitero con il corpo della bisnonna, al campo fiorito in primavera, nella fattoria di Valla. Io non riesco a ricordare nulla. Non ho immagini. Ho sensazioni ed emozioni e odori, quelli sì. Ma sono stati d'animo, sono il peso di un vissuto rielaborato al punto da diventare una parte fisica di me, un tutt'uno con quella che sono.

Della mia bisnonna, Palmira Ambrosini, nata a San Terenzo Monti il 20 gennaio 1886, sono rimaste solo due fotografie: una è nell'album di famiglia, l'altra sulla sua tomba.

Quando è morta aveva cinquantotto anni, sembrava già una vecchia. Entrambi gli scatti, pur non avendo una data, non devono essere stati fatti troppo tempo prima della strage. Palmira ha il viso magro e il naso leggermente aquilino, due occhi grandi, scuri e un po' smarriti, forse per via del tentativo di stare in posa di fronte al fotografo: ci si legge dentro un misto di ansia e di pudore, un velo di imbarazzo. Nella foto sulla sua tomba si capisce che cerca di fare un sorriso, ma a labbra strette, e il risultato finale le lascia sul volto una buffa espressione di sorpresa e di inquietudine, piena di ingenua dolcezza. I capelli sono raccolti in una crocchia bassa, con la scriminatura al centro della testa, porta un abito a pois con un colletto tondo ben abbottonato sotto al collo. Nella foto dell'album di famiglia, i capelli sono invece nascosti da un fazzoletto nero, come

usavano le contadine, e dai lobi spuntano due pesanti cerchi d'oro. L'espressione è un poco più seriosa, ma non dura: è la serietà di chi, non abituato a farsi guardare, deve vivere con disagio il momento disarmante in cui qualcuno ti punta un obiettivo sulla faccia, ti lascia in attesa per trovare l'inquadratura, cercare la giusta luce. Tutta quell'attenzione concentrata su di te.

Dicono che fosse stata, in gioventù, carina. Ma la fatica e la fame e le preoccupazioni avevano fatto sì che la grazia degli anni più belli lasciasse presto il posto a quei lineamenti induriti dalla cattiva alimentazione, dal freddo, dalle malattie curate come meglio si poteva. Aveva preso la seconda elementare nella scuola del paese: un edificio a un piano solo e senza finestre, interamente di sasso, in fondo alla strada che costeggia la chiesa. Quando si era sposata, a venticinque anni, con Angelo Angelotti, nessuno dei due aveva pensato che sarebbe morto in condizioni migliori di quelle in cui era nato. Ma per i figli, almeno per i tre maschi, doveva essere diverso. Su di loro Palmira e Angelo avevano riversato sforzi e fatiche, a loro avevano consacrato ogni speranza.

Erano nati entrambi contadini: era buona la loro terra, ma non morbida, porosa e ricca come quella che ha reso scintillante la Toscana centrale. Aveva la consistenza più farinosa dell'Appennino, risentiva dei suoi inverni aspri e delle sue estati troppo brevi per trasformare quei vigneti e quegli uliveti in vera ricchezza. Gli scambi commerciali, ancora fino alla Seconda guerra mondiale, avevano per lo più la modalità del baratto: da San Terenzo, la mia bisnonna e poi la mia nonna portavano fino al mare, a Lerici e dintorni, vino, olio, uova, ortaggi, frutta e, in autunno,

farina di castagne. Si muovevano a piedi attraverso mulattiere e sentieri nei boschi, avevano imparato fin da bambine a portare grandi orci in equilibrio sulla testa: così le donne avevano conquistato un'andatura dritta e precisa, un'assoluta grazia che faceva muovere con leggerezza quei corpi appiattiti dalla fatica.

Gli uomini, due volte l'anno, si spingevano attraverso il passo della Cisa, che taglia in due l'Appennino tra la Toscana e l'Emilia, fino a Parma e a Modena. Tornavano indietro con farina di frumento, per lo più, ogni viaggio durava settimane piene di attesa e di preoccupazioni sia per chi partiva sia per chi restava, e anche di quel tormento che solo la lontananza riesce a provocare.

Angelo era un uomo alto, così me lo descrivono: aveva due grandi baffi rossicci e rossicci erano anche i capelli, chiara la pelle, affusolata la forma del viso. Aveva un animo gentile. In famiglia lo chiamavano l'artista, con un pizzico di ammirazione unita allo scetticismo pratico dei contadini. Non fumava, non beveva. Aveva imparato a fare il sarto e il ciabattino, e a suonare il violino da autodidatta. Si esibiva la domenica nella banda del paese. Il suo laboratorio rudimentale si trovava al pianterreno della casa in cui era andato a vivere con Palmira, e in cui sarebbe morto all'inizio del 1952. Era un laboratorio ed era insieme un ripostiglio e una cantina, con l'odore di umido e di chiuso appiccicato alle pareti e al pavimento grezzo. La casa era ed è ancora oggi su due piani in muratura, con il retro che fiancheggia l'unica strada di San Terenzo Monti e l'ingresso che si apre su quello che una volta era l'orto. Di fronte, a spezzare l'orizzonte e a fermare la luce del pomeriggio scomponendola in ombreggia-

ture verdeggianti, c'è una mezza collina, o meglio: un terrapieno oggi incolto, un tempo tutto coltivato a viti che digradavano in piccole piane fino al torrente Bardine. Dalla finestra della casa dei miei bisnonni si vedono il torrente e il sentiero che ne abbraccia l'argine fino a un attraversamento di assi di legno, l'unico praticabile prima che alla fine degli anni Cinquanta costruissero il ponte. In fondo all'orto c'erano la rimessa, la latrina e il piccolo cortile per le bestie: galline, conigli, cinque pecore, una mucca, un maiale, un asino. L'abbeveratoio si alimentava con l'acqua piovana, che scendeva dal tetto della casa attraverso una canalina di scolo.

A Palmira spettava il compito di uccidere le bestie, il mio bisnonno non se la sentiva. Palmira sapeva uccidere i conigli con una bastonata, scuoiarli appesi a testa in giù, con un unico taglio netto all'attaccatura delle zampe inferiori. Con una bastonata si uccidevano anche le galline, perché l'arte di tirare il collo era troppo ardita se la gallina faceva eccessiva resistenza. Figuriamoci il gallo. Mia nonna Iolanda aveva imparato da lei. Compiva quei rituali con rassegnata ripugnanza. Lei e Palmira si alzavano ben prima dell'alba, rigovernavano l'orto e le bestie, riempivano gli orci per arrivare a piedi fino al mare: ci volevano quattro ore ad andare e quasi sei, per via della salita, a tornare, sulle mulattiere irte nei boschi. Sapevano entrambe, la mia bisnonna e la mia nonna, tirare una sfoglia finissima, usando un solo uovo per cinque etti di farina: così è più tenera la pasta, dicevano, ma in realtà lo facevano per risparmiare. La pasta però veniva come un velo, al punto da risultare trasparente intorno al ripieno dei ravioli: «La senti com'è buona?» diceva mia nonna, che ha continuato a usare un solo uovo per tutta la vita, quando non c'era più la necessità ma solo il vezzo di conservare un'abitudine che la rendeva a suo modo fiera. Le scuse buone per la miseria erano molte: mia nonna, per esempio, sognava una bicicletta. Le fu risposto che le strade del paese non erano adatte alla bicicletta, e che si sarebbe fatta male.

Sempre in cucina, accanto al caminetto a cui era appeso il paiolo con il lungo cucchiaio di legno per la polenta, stava una fila di testi in terracotta, ciascuno di un diametro non superiore ai quindici centimetri, con i bordi anneriti dal fumo. Servivano per cuocere i panigacci, come li chiamano da quelle parti. Sono dischi di pasta ottenuti mescolando farina di frumento, acqua, un pizzico di sale e un cucchiaio d'olio d'oliva. Dopo la cottura nei testi, impilati sopra il fuoco, venivano mangiati secchi oppure bolliti per pochi minuti nell'acqua salata, fino a ottenere una consistenza lievemente collosa, e poi conditi con il sugo per il pranzo della domenica.

Accanto al caminetto c'era anche il fuso a ruota: la mia bisnonna, dopo la tosatura delle pecore, cardava la lana e la lavorava fino a trasformarla in una matassa. Terminata la filatura, quella lana serviva per tessere maglie calde da tenere a contatto con la pelle, ed erano così ispide che ogni volta mia nonna Iolanda, quando da piccina doveva indossarle, piangeva per ore, a causa del prurito e del fastidio e del bruciore del tessuto.

Il corredo nuziale di Palmira era invece di lino, ricamato con le sue iniziali: *P.A.* Del corredo sono arrivati fino a me solo un lenzuolo con un morbido bordo di pizzo color tortora, che però aveva aggiunto posticcio mia nonna pochi anni prima di morire. Un asciugamano anch'esso di lino, ingiallito dal tempo, con le bordature dalla trama lievemente consunta. Una camiciola di cotonina bianca, con gli orli ricamati, le maniche a leggero sbuffo, la vita sagomata e sul davanti dei bottoncini di madreperla. La taglia, minuscola, lascia immaginare un busto sottile, da ragazzina: la vita stretta, pochissimo seno. Io la indossavo per vezzo e per gioco, da adolescente, quando all'inizio degli anni Duemila erano tornate di moda le maglie che lasciavano l'ombelico scoperto.

Di tutti i ricordi su Palmira, il più cristallino me lo ha regalato mia zia Angela, l'ultima ancora in vita ad averla conosciuta. Aveva quattro anni, nell'agosto del 1944. Era nata il 2 dicembre 1939. La nonna Iolanda, che dopo il matrimonio si era trasferita alla Serra di Lerici, verso la metà di luglio aveva portato la sua prima figlia a casa di Palmira, per via dei bombardamenti alleati che avevano preso di mira il golfo di La Spezia. Angela amava la casa di Palmira, gli odori dell'orto, i pigolii dei pulcini intorno alla chioccia, i girini che coloravano di nero le larghe pozze tra i massi bianchi del torrente Bardine. Seguiva la nonna come un'ombra, in silenzio la guardava sgranare il rosario nella luce lanuginosa delle sere d'estate, seduta al fresco del pergolato di vite davanti a casa. L'abito nero, lungo fino ai polpacci, il fazzoletto intorno alla testa, gli occhi socchiusi, le gambe un po' larghe. La guardava la mattina, appena sveglia, mentre le preparava la colazione – una fetta di pane messa ad abbrustolire sul fuoco, su cui faceva colare lentamente il grasso di una fetta di lardo – o quando raccoglieva i suoi capelli fini e ingrigiti intorno alla nuca con le mani dalle dita sottili ma forti come quelle di un uomo. La guardava mentre le curava il dito mignolo ferito dopo una brutta caduta, e così, proprio così, mia zia Angela ricorda quella cura del tutto simile a un rito magico: «Prima mi ci faceva fare sopra la pipì, poi prendeva un po' di polvere bianca da un'asse di legno vicino alla casa e ce la spalmava tutta sopra, infine fasciava il dito con una spessa ragnatela». La guardava mentre, arrivate al centro del paese, entrava sotto l'arco che portava al negozio di Mario Oligeri, con la macelleria, l'alimentari, l'emporio al pianterreno e l'osteria al primo piano. Gli spessi muri intonacati di bianco, immalinconito e svuotato dalla guerra, il negozio era comunque pieno di cose buone: la pasta sfusa, la giardiniera, la mostarda, il riso, lo zucchero, il pomodoro concentrato, le farine, le sardine e la carne in scatola. E poi c'erano la frutta candita, i biscotti secchi riposti in grosse e scintillanti scatole di latta. «Mi compri qualcosa, nonna?» E lei le comprava le caramelle mou, che si scioglievano lentamente sulla lingua e se ti veniva la tentazione di masticarle restavano tutte appiccicate sui denti e sul palato. Un'unica pasta gommosa e dolcissima.

Con la nipotina, Palmira ammorbidiva le ruvidezze a cui l'aveva costretta la vita, la necessità di fare che soverchiava ogni altra necessità umana: pensare, sognare, immaginare, perfino amare. Non c'era mai tempo. I sonni erano sempre troppo stanchi e profondi per lasciare spazio alle fantasticherie, così come alle angosce. E lo stesso doveva essere con i sentimenti: non esisteva l'abitudine agli abbracci, alle delicatezze, alle parole sussurrate, ai baci. Ma con la nipote era diverso: una nuova dolcezza, inedita o troppo a lungo dimenticata, la prendeva tutta. Così le dita finivano volentieri, un po' maldestre, fra i minuscoli riccioli scuri sulla nuca di mia zia, arrotolati con il ferro per farli assomigliare a dei boccoli, e non mancavano i sorrisi mentre le confezionava una bambolina di pezza, con il vestito a fiori, la testa morbida, i capelli di lana intrecciata che ricordavano i suoi. «Ecco la piccola te, la piccola Angela» le diceva.

Quando il pomeriggio lasciava spazio all'aria più fresca della sera, la spingeva sull'altalena fatta di un doppio filo di corda robusta legato al grande albero di noce, al centro del campo davanti alla casa, con la larga e fitta chioma che diventava un rifugio d'ombra nelle giornate troppo calde.

All'inizio di agosto, Iolanda cominciò ad avere una sorta di presentimento, un'inquietudine che non la abbandonava neanche nel sonno. La lontananza dalla figlia le risultava sempre più angosciante. Era da lei? Mia nonna aveva ereditato da Palmira l'arte asciutta della praticità che prevale su ogni debolezza. Ma nel suo intimo si era fatta via via più assillante, con la maternità e poi con la guerra, una sensibilità acutissima: sarebbe sfociata nel superstizioso se la sua fede religiosa non fosse stata troppo austera per concedersi certe credulità. Va bene i miracoli, i pellegrinaggi alla Madonna di Montenero, i rosari e le preghiere votive ma, per esempio, si era sempre rifiutata di farsi togliere il malocchio, a lei e ai suoi famigliari. Così guardava male la vecchia Dorina che in abito lungo e nero, tra la Serra e Lerici, veniva chiamata per scovare malefici, sciagure, maledizioni: un piattino, una candela, acqua, olio, una formula da recitare a labbra strette, un sussurro più che una voce. E un *Salve Regina* in ginocchio, alla fine, perché era comunque una questione di fede: nulla era più sacro della superstizione.

L'inquietudine, dicevamo. Iolanda ne parlò con suo marito, che dopo la guerra avrebbe iniziato a fare il fuochista sulle navi da crociera: poteva restare via anche otto mesi in un anno, aveva visto il Giappone e l'America, e dal Giappone una volta aveva portato della seta finissima con cui mia madre si fece fare il vestito della prima comunione, e mia zia Angela il suo abito da sposa. Aveva portato anche delle tazze da tè che abbiamo ancora oggi: se le guardi in controluce dopo averci bevuto, sul fondo si disegna il profilo di una geisha. Un giorno tornò a casa e non aveva più il dito indice della mano sinistra. Quando gli chiedevano come avesse fatto, rispondeva che era stato un pescecane.

Iolanda e suo marito parlarono a lungo di quell'inquietudine, nella loro cucina che non era diversa dalla cucina di Palmira.

«Mi sento questa cosa» diceva Iolanda, «mi sento questa cosa che non mi fa dormire la notte.»

«Ma cosa?»

«Non ti so spiegare, però me la sento.»

«E allora?»

«E allora Angela si riporta qui.»

«E se ci bombardano?»

«Se ci bombardano moriremo, ma se dobbiamo morire è meglio morire insieme.»

Così Iolanda andò a riprendere sua figlia, a San Terenzo Monti. Quando la piccola Angela capì che doveva andar via, iniziò a piangere, attaccata alla veste nera della nonna.

«Ma cosa la porti via?» diceva Palmira. «Cosa la porti via che qui sta bene, qui è al sicuro. Cosa la porti via che laggiù, sul mare, tirano le bombe. Lasciala qui.»

Non c'era stato niente da fare: «Lei viene a casa, la porto con me».

Palmira sentiva che il cuore le si stringeva tutto, che le tremava talmente tanto nel petto all'idea di doversi separare da quella bambina, che quasi le mancava il respiro. Avrebbe potuto piangere? Forse. Non se la ricordava l'ultima volta in cui aveva pianto, piangere era una cosa da bambini. Magari era stato quando suo figlio, Primo, era diventato carabiniere, e se l'era visto tornare a casa alto alto in quella sua divisa tirata a lucido. Ma quelle erano lacrime di madre orgogliosa, lacrime consumate al sicuro nella sua stanza, mica davanti a tutti. Perché era legittimo piangere così, d'orgoglio, senza farsi vedere, anche da adulti. Ma la commozione che sentiva adesso era tutta un'altra faccenda. «E va bene. Se te la vuoi portare, portatela.»

Palmira aveva preparato una borsina, ci aveva messo dentro le caramelle, i fichi dolcissimi appena maturi del grande albero che stava alle pendici dell'orto, la bambolina di pezza. Angela non smetteva di piangere, le guance arrossate dalle lacrime e dal caldo, i riccioli neri incollati sulla fronte per via del sudore. Era quasi mezzogiorno. Le due donne e la bambina si incamminarono sulla strada del paese, dirette verso Fosdinovo, dove avrebbero preso la corriera.

Da San Terenzo a Fosdinovo era più di un'ora di cammino. Il caldo toglieva il respiro, il sole non dava tregua neppure sotto i grandi castagni secolari. Arrivarono a Fosdinovo, ai piedi del castello che fu dei Malaspina, austero e maestoso: i Malaspina del Ramo fiorito che si distinguevano dai Malaspina del Ramo secco. Da fine luglio il castello era stato occupato da quasi duecento SS del tenente Albert Fischer: arrivavano dal campo di concentramento di Dachau, di cui erano state spietate guardiane. Nessuno, allora e in quei luoghi, sapeva cosa fossero Dachau, i campi di sterminio, i forni crematori.

Le SS di Fischer avevano preso il controllo di tutta l'area, una delle più strategiche per difendere il confine della Linea gotica. Da quel momento, per il timore dei rastrellamenti, gli uomini dei paesi lì intorno avevano iniziato a vivere quasi in clandestinità, nascondendosi nei boschi, trovando ripari improvvisati nelle strette grotte che si aprivano intorno ai torrenti.

Quando il ronzio cupo della corriera superò anche l'ultima curva a tornante, Angela lasciò la veste della nonna, a cui non aveva smesso di restare attaccata per tutto il tempo.

Questo mi ha raccontato, la zia Angela: che quando salì sulla corriera, appiccicò la faccia al finestrino anche se era tutto opaco di polvere. E pregava, dentro di sé, pregava con tutta la forza che aveva: voltati nonna, voltati. La nonna si era incamminata a passi lenti verso San Terenzo, mentre la corriera ingranava la marcia si voltò, coi suoi occhi un po' smarriti, timidi e tristi. Si guardarono, nonna e nipote, per un ultimo istante ancora. Poi Palmira sorrise appena e si portò la mano al ciglio delle labbra, come per mandarle un bacio.

Era il 12 agosto 1944.

3

C'è un episodio che la nonna Iolanda raccontava spesso, l'aveva spaventata al punto che per giorni non era più voluta uscire. Accadde all'inizio dell'estate del '44, una sera all'imbrunire. Stava tornando a casa, portava sulla testa una cesta di vimini che conteneva una grossa bottiglia di vino rosso. Aveva allungato la strada, dal campo al paese, perché si era sparsa la voce di posti di blocco nazisti che controllavano merci e persone, tra la Serra e Lerici. E si dicevano, su quei controlli, le cose più terribili.

Per arrivare a casa, Iolanda aveva tagliato su uno sterrato che costeggiava il promontorio a picco sul mare, da cui si vedevano il castello di Lerici, col profilo biancheggiante di spuma marina, e il golfo con le sue tre isole: la Palmaria, il Tino e il Tinetto, che è poco più che uno scoglio. A seconda della stagione, il sole al tramonto precipita in mezzo all'una o all'altra delle isole, accendendo il mare di una luce brillante e compatta che finisce per fonderlo alla linea dell'orizzonte.

Lo sterrato si apriva tra le piane cariche di ulivi, per infilarsi poi in una radura di canne lievemente piegate dal vento. Fu in quel punto, proprio lì dove il cammino finiva in uno slargo erboso, che Iolanda vide il posto di blocco.

Se ne accorse dopo l'ultima curva, mentre la strada si spalancava contro la luce del promontorio. Se ne accorse troppo tardi: le divise delle SS erano sagome nere nel sole del tramonto. Mia nonna ricordava: il teschio sull'elmetto, il pugnale dentro gli stivali, la pistola mitragliatrice sulla spalla, un nastro di proiettili che circondava il busto, fino al fianco. Quanti erano? Più di dieci, almeno.

Le gambe smisero di muoversi: un secondo, due secondi, tre secondi. Iolanda iniziò a roteare gli occhi: correvano veloci, molto più veloci dei suoi pensieri, tra le divise di fronte a lei, il mare a strapiombo alla sua sinistra e, alla sua destra, le piane coi muretti a secco. Non esistevano vie di fuga, allora capì che doveva solo andare avanti, continuare a camminare. Con fatica infilò i passi uno dietro l'altro, e sentì la paura salirle nel corpo: era come un brivido di pancia che cresce in piccoli fiotti, in onde via via più alte fino ad arrivare alla gola – fino a stringersi in un nodo alla gola – per poi ridiscendere ancora giù alla pancia e tornare brivido. Sentiva che le gambe iniziavano a cedere. Presa da un tremore sudato e freddo, provò a concentrarsi sulla cesta in equilibrio sopra la testa: un passo, un altro passo, un altro passo ancora.

Era sola, il posto di blocco ormai a pochi metri. Mano a mano che si avvicinava, riusciva a vedere i volti dei soldati sotto gli elmetti. Erano volti di ragazzi. Il sole, attraverso gli elmetti stretti sulla fronte, disegnava ombre di maschere tragiche su quei visi giovani e lisci: le mascelle strette, i nasi dritti, gli occhi tutti uguali. Appuntiti, chiari. O almeno così li vedeva mia nonna: *occhi appuntiti*, li chiamava. Non osò guardarli in viso per più di un secondo: abbassò la testa, provò a concentrarsi sulle ombre che le divise disegnavano contro la polvere e il ghiaino grigio.

Fu allora che scorse il cadavere di un uomo: se ne stava sdraiato con la faccia in giù – la faccia non si vedeva, era girata verso la radura di canne –, aveva la nuca coperta da ciuffi di capelli grigi e radi, una camicia a quadri marroni, i pantaloni erano risaliti dalle caviglie bianche e nude fino ai polpacci. Iolanda si accorse che non portava le scarpe, e che i piedi erano neri. Da sotto la camicia, una chiazza di sangue violaceo si diluiva in rivoli più tortuosi e sottili mano a mano che si allontanavano dal corpo, fino a venire assorbiti dalla polvere e dal ghiaino. I rivoli arrivavano quasi agli stivali dei soldati.

La fissavano, ne era certa. Iolanda ricordava bene che, con i suoni rauchi di quella lingua che non aveva mai perdonato, le chiesero i documenti. «E io stavo dritta» raccontava mia nonna, «stavo dritta per non far cadere la cesta.» Com'era possibile che pensasse alla cesta e non a suo marito o a sua figlia? Eppure era quello il suo solo pensiero, ci si aggrappava con tutta sé stessa: «Non devo farla cadere» si diceva.

Tirò fuori i documenti che portava sotto la camicia, vicino al petto, abbassò gli occhi. Teneva gli occhi bassi per impedirsi di vedere i soldati, e per non vedere il corpo immobile di quell'uomo a pochi metri da lei: la schiena forata dai proiettili.

I soldati sembravano calmi. Iolanda ricordava che uno di loro, che le era parso il più giovane, col viso più mite e più chiaro, mimando una mitragliatrice con le due mani – una mano dietro l'altra –, le aveva colpito con il dito lo sterno. Poi si era messo a ridere. «*Kaput*» diceva, «*Kaput.*» E rideva.

Si avvicinò un altro soldato, lo stesso che un attimo prima le aveva chiesto i documenti: «Hai paura di morire, signora? Hai paura che ti ammazziamo?». Parlava in italiano. «Signora» aveva detto.

Lei restò come stordita. «Una dichiarazione di morte» raccontava mia nonna. E intendeva dire: una condanna a morte. Iolanda si convinse in quell'esatto istante che sarebbe morta.

«A cosa pensavi, nonna?» le chiedevo io ogni volta, arrivate a quel punto della storia.

«Pensavo che se fossi morta lì non mi avrebbero trovata per ore, e che tua zia e tuo nonno sarebbero rimasti da soli.»

«E la mia mamma?»

«La tua mamma non sarebbe mai nata.»

Se davvero lei fosse morta al posto di blocco, mia madre non ci sarebbe mai stata, e dunque neppure io: a me, bambina, faceva strano pensare quella cosa. Come se fino a quel momento mia madre fosse stata per me una creatura eterna, svincolata da tutto, sempre esistita e che sempre avrebbe dovuto esistere. Anch'io mi sentivo così: passato e futuro non mi appartenevano. E non mi apparteneva il collegamento accidentale delle vite: scelta e caso. Un prima, un dopo.

Il tedesco che l'aveva chiamata «signora» tirò fuori la pistola dalla fondina. Avvenne tutto lentamente. Tirò fuori la pistola e gliela poggiò sulla tempia. Iolanda sentì il gracchiare metallico del caricatore proprio sopra il suo orecchio, era il destro. Non pensava a niente, forse pregava. Chiuse gli occhi. Avrebbe potuto urlare, avrebbe potuto piangere, implorare, scongiurare. Si stupì di quel suo silenzio, di quella rassegnazione. La cesta: la cesta non si muoveva. Era ancora lì, sopra la testa, sopra la pistola, sopra la paura.

È finita, pensò. Proprio mentre lo pensava, il soldato disse: «*Bum!*». E tutti intorno a lei scoppiarono a ridere. Scoppiarono a ridere così forte che mia nonna, aprendo gli occhi con una specie di singhiozzo che le era uscito non si sa come dal fondo dello stomaco, si chiese se non dovesse ridere pure lei, se non dovesse partecipare anche lei a quel gioco sadico.

«*Bum! Bum!*» ripeté il giovane soldato.

«Hai visto, signora, che sei ancora viva?»

Sentiva gli occhi umidi, eppure Iolanda non piangeva. Non tremava nemmeno più. Guardò il soldato che continuava a puntarle contro la pistola. Se non era più paura quella che provava, se non era odio, se non era rabbia, era invece la sgomenta e selvaggia incredulità che si ha verso un proprio simile, un altro essere umano, e la sua gratuita, inutile crudeltà.

«Vai, signora. Che non ti ammazziamo, oggi.» Con la pistola in pugno le riconsegnò i documenti.

Iolanda trovò la forza di prenderli, se li rimise sotto la camicia, fece un passo in avanti, solo uno, come a voler essere sicura di potersi muovere davvero. Non un fiato, non una parola. Solo un passo. Non successe niente. C'era ancora il corpo di quell'uomo, per terra, e la sua preoccupazione adesso era di non calpestare il sangue. Mosse ancora il piede, la gamba. Sapeva che non era finita, sapeva che dare le spalle ai soldati la rendeva più preda di quanto non fosse stata un attimo prima, con la pistola alla tempia. E di nuovo sentì che sarebbe morta.

Un passo, un altro passo, un altro ancora. Era così freddo: il tremito era tornato a scuoterla tutta, e l'aria della sera le sconvolgeva la spina dorsale, e le viscere. Non aveva fatto dieci metri che nel silenzio più assoluto sentì un fragore, come un tuono, sulla sua testa. Un tuono, proprio così diceva la nonna: «Un tuono sulla testa». Sentì la testa schizzare in mille minuscoli pezzi intorno a lei, in un attimo troppo breve per poter essere percepito, l'attimo in cui tutto finisce e la paura si scioglie insieme al tremito, e ogni ricordo svanisce nella certezza che la morte è tutta lì: un fragore, un tuono, la sua testa in mille pezzi.

Le gambe si bloccarono, le ginocchia cedettero. Un liquido rosso e spumoso le si era riversato sul petto, sulle mani, sul ventre, sui polpacci, sui piedi, sugli occhi annebbiati da quel succo vischioso.

I soldati ridevano. Avevano sparato alla cesta, contro la bottiglia piena di vino rosso. Non a lei, non alla sua testa, ma alla bottiglia, che era andata in frantumi, e il vino le era finito addosso. La paura non c'era più: quel che restava, alla fine, era solo un gigantesco vuoto.

Iolanda non si voltò, non si girò verso i soldati. Non ne aveva bisogno. Raccolse da terra la cesta senza più la bottiglia, se la rimise sulla testa, per quanto si sforzasse non riusciva a tenerla ferma e doveva reggerla con le mani.

La città in cui sono nata, nel 1985, è famosa per due cose: il marmo bianco e l'anarchia.

Carrara è una città di montagna strappata al mare, così io lo vedo il mare, i segni del mare, ovunque mi trovi. E anche se salgo in cima a una vetta, vedo la montagna come era prima di diventare terra e sole: un fondale marino, dall'alto. Alghe al posto dei boschi, sabbie scure e anfratti di pietra lì dove si disegnano aspre le valli che sorreggono pareti vertiginose di nude rocce.

Quando ero bambina mi spiegarono, in visita con la scuola alle cave – i bancali ciclopici e rilucenti tra il pietrisco grigio dei detriti –, che il marmo bianco altro non era che calcare, e che il calcare che ha creato il marmo bianco di Carrara è del tutto simile a quello che oggi forma le scogliere coralline dei mari tropicali.

A Carrara i marciapiedi sono fatti di marmo, le piazze sono fatte di marmo, i fregi dei palazzi sono di marmo così come i balconi e i cornicioni dei davanzali. Nelle case più umili lungo via Carriona – che corre stretta sul torrente Carrione, un tempo bianco di polvere di marmo, con l'acqua che sembrava latte, densa e bianca come il latte – le scale ripide sono di massiccio marmo consunto e scivoloso sui bordi, lievemente ingiallito per tutte le scarpe che lo hanno calpestato, anno dopo anno. Le cave si aprono dietro le case come le quinte di un teatro maestoso, mentre il cielo è quasi sempre basso, carico di nubi sospinte dal vento marino e poi fermate dalle montagne. D'inverno, la neve sulle montagne si confonde con il marmo delle cave, e il bianco si fa più accecante sotto il sole di mezzogiorno, quando i raggi riflettono contemporaneamente marmo e neve nei brevi scampoli in cui il cielo torna intenso e azzurro.

Da piccola con mio fratello e mia sorella andavamo a giocare nella piazza d'Armi: ai lati c'erano giganteschi ippocastani coi tronchi imbrigliati da panchine tonde di ferro battuto, al centro una fontana con una palla di marmo, ovviamente, che si muoveva azionata da un meccanismo alimentato dall'acqua. Era mia nonna che mi raccontava le storie, ed erano mio padre e mia madre che mi leggevano i libri. Le storie di mia nonna, in autobus verso la piazza d'Armi, a casa al tavolo della cucina, erano vivide al punto da diventare carne, le vedevo e le sentivo fino a procurarmi sensazioni fisiche: di incanto e di sgomento. Era questo il modo di raccontare di mia nonna. È da lei che ho scoperto il significato della smisuratezza e della paura. La paura: quel brivido di pancia che cresce in piccoli fiotti, come onde via via più alte, fino ad arrivare alla gola.

I miei fratelli avevano paura come me? Conoscevano quel brivido? Non so dirlo. Nelle foto vedo gli occhi di mia sorella bambina sempre un poco malinconici, quelli di mio fratello sempre troppo vivaci per lasciar trasparire un'emozione diversa dalla fame di vivere.

Amavo loro e i miei genitori come si amano le cose che si ha il timore di perdere. Mio fratello e mia sorella sono nati a Cusco, in Perù. Prima di essere adottati vivevano nello stesso orfanotrofio come fratelli, senza essere fratelli di sangue. La loro pelle scura e lucida come le fave di cacao, ai tempi in cui eravamo bambini, doveva sembrare un'esotica bizzarria nella Carrara degli anni Ottanta.

Fu mio padre a raccontarmi il momento in cui lui e mia madre videro mia sorella. Successe nel 1983, ad aprile. Dovettero fermarsi in Perù un paio di mesi per le pratiche dell'adozione di mio fratello e si erano trasferiti all'orfanotrofio di Cusco, l'Hogar. Così si accorsero di questa bambina che poteva avere quattro o cinque anni e che se ne stava sempre un po' in disparte, giocava poco con gli altri bambini, passava la maggior parte del tempo seduta sul muretto di calce del cortile con una pietra in mano. Poteva restare lì anche per un'ora di fila, a battere la pietra sul muretto, in silenzio. Un giorno mio padre le si avvicinò e le prese la mano chiedendole, in spagnolo: «Cosa fai con questa pietra?». Lei la lasciò cadere a terra, gli buttò le braccia al collo e rispose, soltanto: «Papà».

Mia sorella mi raccontava sempre un particolare di quel periodo che aveva trascorso a Cusco insieme a mio padre e a mia madre. Ricordava che i neonati dell'Hogar avevano tutti problemi al collo o alla schiena: le suore erano sempre troppo poche per potersi occupare di loro a tempo pieno, perciò erano costrette a lasciarli spesso soli, nelle culle. Le culle erano fatte con delle sbarre metalliche e i piccoli restavano con la testa girata o piegata verso la porta: passavano il tempo ad aspettare il momento in cui le suore li avrebbero presi di nuovo in braccio, a turno, pochi minuti per ciascuno. Allora mio padre e mia madre rivestirono le culle dell'Hogar, una a una, con della stoffa azzurra, in modo che i bambini non stessero più girati con la faccia verso la porta ma potessero guardare quella bella stoffa colorata, davanti a loro.

Quando ero molto piccola gli uomini neri mi facevano paura. Non sapevo perché. Gli uomini neri erano gli ambulanti senegalesi che vendevano braccialetti di stoffa e accendini sulla spiaggia. Un giorno lo chiesi a mio padre, gli chiesi perché mi facessero paura. Lui disse: «I tuoi fratelli ti fanno paura?». Certo che no, i miei fratelli non mi facevano paura. «Vedi» rispose, «questi uomini ti fanno paura perché non li conosci.» Così placò ogni angoscia. Aveva ragione: si ha paura solo di ciò che non si conosce. Da quel momento pensai che mi sarebbe stato sufficiente conoscere tutto per non avere più paura di nulla.

C'è un'immagine, una in particolare, che mi ha riportato alla mente ogni cosa: i racconti, gli incubi e i sogni che mi trascinavo dietro da così tanto tempo, senza trovare mai il coraggio di guardarli negli occhi. Un'immagine che mi ha costretto, alla fine, a ricontattare Roberto Oligeri, a rispondere al richiamo del suo appuntamento di tre anni prima, a tornare lì dove non ricordavo di essere mai stata: San Terenzo Monti. L'eccidio. La mia bisnonna, Palmira.

Erano i primi giorni di aprile del 2022, la guerra in Ucraina era già scoppiata da oltre un mese. L'immagine era questa: degli uomini in fila, le mani legate alla cintura del compagno di fronte, le schiene curve, attraversavano una strada piatta e grigia sotto la minaccia di tre soldati che puntavano contro di loro i fucili. Era un'immagine silenziosa, i fotogrammi, ripresi da una telecamera di sorveglianza, appena fuori fuoco: gli uomini si muovevano veloci lungo la strada. Di loro, più che le mani legate, mi colpirono quelle schiene accartocciate al punto da creare un'onda goffa e incerta, così in contrasto con la velocità dei movimenti. I fotogrammi erano ripresi dall'alto, non potevo vedere i volti, né degli uomini né dei soldati. Anche loro si muovevano con velocità e precisione. La fila scompariva oltre la curva e la strada rimaneva completamente vuota.

L'immagine si interrompeva così, per poi riprendere in un momento successivo. Si apriva, questa nuova immagine, dentro un cortile spoglio, circondato da alte mura di cemento, squallide. Sull'asfalto umido di neve sciolta e fango c'erano bottiglie, avanzi di cibo e scatolette, sacchetti di plastica, pezzi di stoffa sporchi e smembrati al punto che era impossibile stabilire a quale tipo di indumento fossero appartenuti. Scampoli di stoffa dai colori soffocati dal fango. E poi c'erano dei corpi, riversi a terra, bocconi. Corpi di uomini, corpi giovani. Alcuni avevano le schiene nude, mi colpirono quelle schiene nude e segnate da striature rosse o grigiastre esposte al freddo e alla neve. Le mani di ognuno – quanti erano? Cinque, sei? – erano legate dietro la schiena con lacci stretti, ed erano diventate gonfie e bluastre intorno ai polsi e sulle nocche, sui polpastrelli. Erano diventate così grandi, quelle mani, così sproporzionate dentro i lacci stretti, che sembravano non appartenere più ai loro corpi, come se vi fossero state attaccate in modo posticcio e maldestro. Cercavo rivoli di sangue, in quei fotogrammi, gli stessi rivoli sempre più sottili che mia nonna aveva visto distaccarsi dal cadavere dell'uomo al posto di blocco, inghiottiti dalla terra grigia. Ma erano rimaste solo delle chiazze sull'asfalto umido, il sangue era già stato assorbito: così, a colpo d'occhio, li avresti detti addormentati, i corpi di quegli uomini giovani e robusti.

Via Yablonska, che da allora chiamano «la strada della morte», taglia in due Bucha, alle porte di Kiev. Quando l'esercito ucraino entrò in città, alla fine di marzo del 2022, dopo la ritirata russa, l'attraversò a bordo dei cingolati filmando disordinate file di cadaveri. Stavano a bordo strada, riversi sui marciapiedi, abbandonati sul ciglio dei cancelli delle case, davanti alle porte dei garage. Parevano, dalla prospettiva tremula del cingolato, fagotti di abiti e giacche a vento blu e marroni, scarpe da ginnastica. Mucchi di legamenti, braccia e gambe in pose disarticolate. Qualcuno aveva ancora accanto la sua bicicletta, rovesciata, molti stavano girati di schiena, quasi accucciati in posizione fetale, come chi viene colpito alle spalle nel momento in cui cerca di scappare, o di proteggersi. Altri ancora avevano la borsa della spesa che giaceva immobile accanto a loro, a un centimetro dalle dita della mano, vuota e sgonfia.

Un'inchiesta del «New York Times», verso la metà di aprile, stabilì che quei corpi erano stati freddati tra il 10 e l'11 marzo e mai mossi dai luoghi in cui vennero filmati settimane dopo. Altri corpi furono trovati nei cortili, negli scantinati usati come camere di tortura. Una in particolare venne ricavata in quello che era stato un campeggio per bambini: ci trovarono cinque cadaveri martoriati da tagli e bruciature e pallottole, uccisi tutti in modi diversi.

Un eccidio, disse il sindaco di Bucha, Anatoly Fedoruk: 419 corpi in tutto. Uomini, donne, bambini. Il venti per cento dei cittadini di Bucha, precisò Fedoruk il 4 maggio. Sul giornale in quei giorni titolammo: «La strage di Bucha». E pubblicammo i fotogrammi. I corpi a terra, le mani legate, il video dei droni che dimostrava che quegli uomini, quelle donne e quei bambini erano stati uccisi nella notte tra il 10 e l'11 marzo. Quasi tre settimane prima che le morti venissero documentate, denunciate. Che diventassero notizie.

Fu questo a colpirmi, a destabilizzarmi. Perché della guerra in Ucraina, la prima guerra di invasione in Europa dopo ottant'anni, all'inizio ci eravamo illusi di poter sapere e conoscere tutto. Sapere, vedere, conoscere: così si tiene a bada la paura.

Si ha paura solo di ciò che non si conosce.

E allora quell'illusione di sapere e vedere la morte nel momento in cui la morte accadeva – i bombardamenti, gli agguati, l'assedio – mi faceva credere di poterla controllare. I giornalisti inviati sul campo, le immagini satellitari, i droni, i social network ci avevano consentito di conoscere la guerra come se la stessimo spiando dal buco della serratura delle nostre case: ogni cosa sotto i nostri occhi, nel momento esatto in cui accadeva. Il teatro e l'ospedale di Mariupol, le barelle trascinate via tra il pianto e gli occhi pieni di terrore, quelle immagini immediatamente rilanciate sui nostri telefonini. Eccola, la guerra. Se la vedi ti terrorizza meno perché la assimili. Se la vedi la puoi pesare, quantificare, controllare. Le bombe su Kiev e su Odessa, i cingolati su Kharkiv, l'assedio all'acciaieria di Azovstal. Sul giornale raccontavamo tutto, i social rimbalzavano tutto. L'intimità della guerra, l'umanità perversa della guerra. Le donne ucraine che offrono il tè ai soldati russi. I prigionieri scambiati nella notte. La ragazza incinta sulla barella di Mariupol. Le lacrime della madre che stringe al petto sua figlia nei rifugi di Kiev. Le famiglie in fuga dalla capitale, profughi in corsa disperata verso gli autobus che li avrebbero condotti fuori, oltre il confine, mogli che salutano i mariti, padri che abbracciano i figli, e i cecchini russi che usano quelle famiglie come bersagli. Un'altra foto, da Irpin, il 6 marzo: una madre, due bambini, un uomo e un cane crivellati di colpi tra il marciapiede e la strada, le loro valigie rimaste accanto a quei corpi come sentinelle. Lei si chiamava Tatiana Perebeynos, i suoi figli Alisee e Nikita. È qui, dunque, la guerra che prende forma e prende nome davanti a noi. Dare un nome all'orrore è già un antidoto all'orrore. È già la prima piastra che serve a costruire l'armatura per combatterlo.

Ma poi c'è stata Bucha. Bucha ha cambiato tutto, perché la strage si era consumata senza che nessuno sapesse. Un mese di occupazione, un mese di morte, torture, sopraffazioni, omicidi. Un mese di crimini nell'oscurità. Non sapevamo di Bucha mentre Bucha si compiva. Non sapevamo di Bucha, noi. Così quegli uomini, quelle donne, quei bambini – i cittadini di Bucha – erano stati carne da macello senza che noi potessimo immaginarlo, vederlo, documentarlo. Denunciarlo.

Loro morivano, soffrivano, e noi eravamo ignari. Per giorni e per settimane siamo rimasti così, finché tutto si era già compiuto, e tutto era dunque diventato inutile.

Fu a quel punto che ricominciai a pensare a San Terenzo Monti. Alla mia bisnonna, ai racconti della mia nonna, all'eccidio nazifascista del 19 agosto 1944. Lì come a Bucha l'orrore non era stato documentato, se non troppo tardi, e si era consumato senza che nessuno potesse registrarlo, raccontarlo, denunciarlo. Per anni e anni. E infine non aveva mai trovato piena giustizia. Processi parziali, carte nascoste negli armadi girati contro il muro dentro gli scantinati delle procure, condanne tardive, risarcimenti mai ottenuti, mandanti e carnefici in libertà a nascondere dietro vite comuni, case comuni, affetti e famiglie comuni, l'indicibile della disumanità, l'indicibile dell'orrore.

Il crimine, anche il crimine di guerra, è tale perché si consuma al riparo dagli occhi, al riparo dai testimoni: la sua abnormità ha sempre bisogno di essere occultata. Si stermina un paese, una cittadina, un sobborgo, un intero popolo o un'etnia e lo si fa in segreto.

Non una voce, nell'era dei social network, dell'informazione in presa diretta, delle immagini satellitari, era entrata e uscita da Bucha nel marzo del 2022. Non una voce era entrata e uscita da San Terenzo Monti nell'agosto del 1944.

E allora la guerra che ci sembrava cambiata, controllabile, prevedibile, documentabile nel momento esatto in cui diventava morte, distruzione, fuoco, proiettili, improvvisamente recuperava i suoi connotati più ancestrali. Immutabili. Il segreto: l'orrore si compie sempre in segreto. L'orrore non si conosce. Perciò diventa tale.

Le immagini tardive di Bucha cominciarono a occupare i miei pensieri, sovrapponendosi alle immagini fluttuanti di ricordi e racconti infantili. Il passato e il presente si mescolavano e si specchiavano in una domanda a cui sembrava impossibile replicare: come si impedisce l'orrore? Come si sfugge all'orrore?

Qualcuno diceva, nelle settimane di Bucha: se gli ucraini si arrendessero, se la resistenza si arrendesse, se il presidente Zelensky si arrendesse, tutto questo orrore si fermerebbe. Tutti questi morti, tutte queste vittime innocenti. Ma era vero? Era così semplice? Arrendetevi e fermerete l'orrore.

Nella polarizzazione del dibattito pubblico di quei giorni, la necessità di schierarmi mi impediva di decifrare fino in fondo il significato delle posizioni in campo. Mentre i fantasmi del passato e dei racconti che mi si erano cristallizzati in luoghi remoti dell'anima tornavano a recuperare un colore, una dimensione, un suono.

Bucha, San Terenzo. Le immagini di quei corpi nei fotogrammi delle telecamere di sorveglianza. Le immagini di altri corpi nelle mie fantasie.

Ripensai, allora, a quello che diceva mia nonna, ai suoi ricordi roteanti tra la cucina e il salotto. E ripensai a Clara Cecchini, Clara che si alza e cammina come un miracolo emergendo dalla pila dei cadaveri sotto il pergolato: viva. E poi pensai a me stessa: a chi ero, a quello che avevo e che avevo avuto, a quello che potevo e che avevo potuto. Sarei stata quella che sono se gli italiani si fossero arresi, se i partigiani non avessero combattuto? Avrei potuto quello che posso se l'occupazione nazista e se il collaborazionismo fascista a quell'orrore non fossero stati respinti?

Mia nonna non aveva perdonato l'orrore. Ci aveva convissuto, trovando una maniera per sopravvivere. Ma non lo aveva perdonato e neppure lo aveva accettato. Soprattutto, non lo aveva capito. L'assenza di giustizia le aveva negato ogni possibilità di comprensione. Chi erano i colpevoli della strage di San Terenzo? Perché avevano cancellato un paese? Perché non avevano risparmiato nessuno? Diceva mia nonna: «Se non ci fossero stati i partigiani. I partigiani non ci hanno difeso, non hanno difeso la mia mamma». E mentre lo diceva, gli occhi le si riempivano di ombre che potevano diventare lacrime, ma quelle non uscivano mai.

I fatti erano chiari: i partigiani avevano ammazzato sedici SS la mattina del 17 agosto 1944, due giorni prima della strage. In risposta, i nazisti avevano applicato la loro folle legge: dieci italiani uccisi per ogni tedesco. E così il 19 agosto si era compiuto lo sterminio: centosessanta persone rastrellate tra San Terenzo Monti e Bardine. Una sola sopravvissuta, Clara Cecchini. Alla fine i morti si erano contati in centocinquantanove.

Diceva Iolanda: «Se non ci fossero stati i partigiani, la mamma sarebbe rimasta viva».

Mia nonna doveva trovare una giustificazione alla disumanità dei nazifascisti. Come si sopravvive all'orrore se non gli si può attribuire almeno una causa, un innesco, una colpa?

Così, nell'azione partigiana, Iolanda aveva trovato la spiegazione più semplice, più umanizzante: dare una giustificazione all'orrore per riuscire a capirlo e dunque ad averne meno paura. «Se non ci fossero stati i partigiani, la mamma sarebbe rimasta viva.»

Da bambina la ascoltavo, con cieca inconsapevolezza. Ma ora che comprendevo e sentivo il suo dolore, non potevo darle ragione. Perché io, ormai, potevo guardare lei e guardare me stessa, e guardare quei ricordi e tutto il tempo che ci era passato in mezzo: tutta la storia che aveva respirato tra quell'orrore, lei e me. E dunque potevo dare a tutto – ai nazisti e ai fascisti, ai partigiani, all'eccidio, agli orrori e alle morti, a ogni sbaglio e a ogni leggerezza – un peso e un significato precisi: il peso e il significato della storia. Quella storia che aveva liberato mia nonna e che aveva consentito a mia madre e poi a me di diventare quelle che siamo diventate.

Allora, che cosa avrei fatto e che cosa avrei detto se oggi mia nonna fosse stata di nuovo, per un attimo, di fronte a me? Avrei avuto il coraggio, la forza e le parole per stringerle le mani, per osservare il suo dolore condensato, il suo orrore mai perdonato, la sua rabbia? Per dare a tutto quello che era accaduto non una giustificazione, ma un senso e una forma?

Era questa la domanda. Era questo il motivo per cui dovevo tornare a San Terenzo. Era questo il richiamo a cui non potevo più sottrarmi.

4

«Chinati! Chinati! Stai giù» diceva così il mio bisnonno Angelo a Palmira. Lei tremava, stretta accanto alla porta, ma voleva vedere. Voleva vedere. «Stai giù, mondoboia.» «Non bestemmiare» aveva risposto lei senza pensarci, un riflesso condizionato, col tono che avrebbe usato con un bambino. «Non è una bestemmia, mondoboia.»

Il rumore del camion arrivava come un boato soffocato dal fondo della strada sterrata che abbracciava il torrente per infilarsi di nuovo in mezzo ai boschi di querce e castagni che portavano a Fosdinovo. Poi il motore si spense all'improvviso, sostituito da un sovrapporsi di voci incomprensibili, suoni ora più acuti ora più gravi.

«Quanti sono?»

«E come faccio a saperlo?»

«Fammi vedere.»

«Stai giù.»

«Fammi vedere.»

Palmira scrollò le spalle e sentì scivolare via dalla nuca la mano pesante e calda di Angelo. Si alzò, si avvicinò alla porta socchiusa, incastrò il naso tra lo stipite e il battente. Da lì, con un poco di sforzo, riusciva a vedere il torrente, la curva della strada, un camion e dei soldati in fila. Dal camion, due uomini stavano calando una doppia asse di legno, posta in diagonale. Cercavano un punto buono sul terreno perché restasse abbastanza ferma. Urlavano. Forse imprecavano.

«Quanti sono?» chiedeva di nuovo il mio bisnonno.

«Tanti.»

«Più di venti?»

«Meno.»

«Come l'ultima volta, allora.»

«Sì.»

Dall'ultima volta era passata solo una settimana: delle cinque pecore nella stalla ne erano rimaste due, delle galline nessuna. «Neppure i lupi» diceva il mio bisnonno. Da quando le SS di Albert Fischer erano arrivate a Fosdinovo dal campo di concentramento di Dachau, alla fine di luglio, non passavano più di due giorni senza quel rituale: le razzie di bestiame erano una tassa dovuta ai nuovi occupanti, opporsi era impossibile. I soldati si muovevano nel paese da spietati padroni. Ogni sera perlustravano le case, saccheggiavano le magre dispense, arrestavano gli uomini senza avere bisogno di una scusa, terrorizzavano le donne, intimidivano gli anziani. Così gli uomini avevano preso a nascondersi nelle grotte intorno al torrente, per non farsi trovare quando passava la ronda casa per casa. Zia Angela ricordava il rumore dei pugni sulla porta, così forte che non ti potevi sbagliare, e subito Palmira che diceva, con un unico sospiro mozzato: «Sono loro». Se il bisnonno non era riuscito a scappare, a nascondersi nella latrina del giardino dove tenevano al sicuro anche le scatolette di cibo degli americani, si infilava tra due assi di legno mobili che si trovavano sotto al letto e che si aprivano su un'intercapedine del pavimento larga meno di una tomba.

Apriva Palmira. Zia Angela ricordava con precisione che se ne stava attaccata alla gonna di sua nonna fissando gli stivali dei soldati e quel pugnale che spuntava fuori, col manico nero che batteva sugli stinchi e creava una specie di onda sulla stoffa dei pantaloni.

«Stai giù, mondoboia, stai giù. Vieni qui.»

Palmira aveva ricominciato a tremare.

La mattina del 17 agosto 1944 la camionetta delle SS del tenente Albert Fischer era arrivata a Bardine intorno alle nove. La gente aspettava i soldati dal giorno prima, contava le ore in attesa della nuova razzia. Perdere il bestiame, per loro, significava non avere di che vivere. Era una questione di vita o di morte.

I miei bisnonni, nascosti in casa, iniziarono a sentire le urla provenire dal torrente: erano urla di soldati e di donne, e singhiozzi. Insieme a quelle urla che erano ordini e minacce, suppliche e disperazione, c'era il lamento degli animali: le pecore, che si impuntavano sulla strada e sulle assi di legno, non ne volevano sapere di collaborare, di salire sul camion, giravano il muso ostinate, piangevano. «Perché le bestie hanno l'anima» diceva il mio bisnonno, «le bestie sanno tutto più di noi.» I belati disperati non erano diversi dal pianto di un bambino, non erano diversi dalle grida straziate di un neonato: erano richieste d'aiuto, lamenti sfiniti di bestie terrorizzate dai soldati come le donne e come gli uomini di Bardine.

Quanto durò? Nessuno poteva contare i minuti, il tempo correva via insieme a quelle grida fintanto che un rumore del tutto diverso, sordo e inatteso, sconvolse d'improvviso l'aria. Un'esplosione, o meglio una raffica di esplosioni, interruppe il coro di grida. Le pecore, gli uomini, le donne, i soldati: ogni cosa si era fermata. Era rimasto soltanto il silenzio.

«Quanti sono?»

«Non riesco a vederli da qui.»

«Alza un po' la testa.»

«Non posso, sono messo male, se mi muovo rischia che faccio uno sciagatto.»

Il Mori e Venturini, a un passo uno dall'altro, si sforzavano di stare immobili nel campo di granturco: i piedi sudavano negli scarponi allacciati stretti, le mani sudavano intorno al calcio d'acciaio dello Sten. I muscoli delle braccia e delle gambe erano diventati rigidi e doloranti per lo sforzo di rimanere tesi e acquattati nella terra secca e dura, fresca di mattino e su cui i raggi del sole non riuscivano ad arrivare.

D'agosto il campo di granturco è traditore per via di tutto quel fruscio, diceva il Mori: anche se ti sembra di non muoverti basta un niente, basta un niente che ti sentono, perché il rumore si propaga come un tremito tra le spighe larghe e secche che sembrano carta velina. Sentiva il cuore che gli pompava forte nel petto, le vene sulle braccia gonfie e scure più spesse sotto l'ombra delle spighe grasse e un po' collose. Così, per ingannare la paura e impedire il tremito, si concentrava sul verso stordente delle cicale, mentre sentiva il freddo della canna del mitra premergli sull'avambraccio nudo.

Dal campo di granturco al torrente Bardine c'erano meno di trecento metri in linea d'aria, la camionetta delle SS si trovava proprio oltre la sponda che si chiudeva a gomito, sotto un lento pendio coltivato a vite. In trappola.

Una trappola perfetta, così pensava il Mori per farsi coraggio, ma non ne era convinto.

Aspettavano tutti un cenno del Memo, il segnale era chiaro: il braccio sinistro alzato, oltre le spighe di granturco, per fare fuoco. Quanto ci voleva, ancora? Quanto ci metteva a decidersi il Memo?

Un mese prima, la notte tra il 14 e il 15 luglio, era stato lui a guidare l'assalto alla guardia repubblichina di Carrara, e da quel momento il Memo era diventato comandante della banda, la Formazione Giuseppe Ulivi. Alessandro Brucellaria, nome di battaglia Memo, aveva trent'anni nell'estate del '44. Prima di entrare nella Resistenza aveva fatto lo scalpellino nel laboratorio di marmi di Ottavio Dell'Amico, poi il calciatore, mediano, nella Carrarese. Era diventato comunista nel 1931, quando aveva solo diciassette anni, e dopo l'8 settembre era entrato nel Comitato di liberazione nazionale di Apuania.

La banda si era andata ingrossando di nuove leve nel corso della primavera del '44, mentre la ritirata tedesca si faceva più pressante e sanguinaria e il fronte si stringeva a tenaglia oltre la Linea gotica. La banda Ulivi aveva trovato il suo primo nascondiglio tra le cave sopra Carrara, nelle grotte calcaree del monte Sagro che domina la città e la cui vetta oblunga si vede anche da San Terenzo, la montagna sacra agli dei pagani e ai cristiani delle persecuzioni, sacra ancora oggi a chi abita quei luoghi, fatta tutta di marmo bianco.

Il 7 agosto la banda Ulivi era entrata a far parte della Brigata partigiana Ugo Muccini insieme ad altre nove formazioni tra Carrara e lo spezzino: più di settecento uomini guidati dal maggiore Alfredo Contri, del partito d'Azione, e divisi nelle dieci bande di base che conservavano una loro autonomia e un loro colore politico. Repubblicani, azionisti, cattolici, socialisti, comunisti, anarchici.

La banda Ulivi a quel punto si era spostata in un vecchio casale abbandonato nei boschi di Viano, che domina la collina di fronte a San Terenzo con il suo gruppuscolo di case contadine cresciute strette intorno all'antica torre, come pulcini intorno alla chioccia.

Chino, silenzioso e immobile nel campo di granturco, il Mori, Giorgio Mori, ventun anni, teneva stretta contro il braccio la canna del mitra. Era la prima volta che si trovava a usare uno Sten per davvero e non solo nelle esercitazioni tra i castagni di Viano. Mentre la tensione gli bagnava con minuscole gocce di sudore la fronte alta e chiara, chiamò ancora il suo compagno, a un passo da lui: Renzo Venturini aveva solo diciotto anni, si conoscevano da quando erano bambini e giocavano insieme nei rioni intorno a via Carriona. Anche allora pensava che il più coraggioso dei due fosse lui.

«Re', oh Re'» gli sussurrava adesso, «come ti senti?»

«Ho paura, e tu?»

«Anche.»

Quella mattina, quando erano partiti dal nascondiglio di Viano chiamati uno a uno dal Memo, il brivido dell'eccitazione aveva preso il sopravvento. Che scemo, pensava adesso il Mori di sé stesso. Poche ore prima, mentre con lo Sten ben fermo sulla spalla rigida prendeva il viottolo che allungava da Viano giù in basso, verso le colline di Bardine, con la luce del primo mattino che perdeva a poco a poco la sua consistenza lattea e rugiadosa, aveva guardato sghembo Pepaccio – con un po' di pena e un po' di soddisfazione – che continuava ad agitarsi in ordini scomposti e del tutto inutili, solo per darsi un tono. Nessuno gli prestava attenzione. Il Memo lo aveva lasciato al campo – «tu no, tu resti qui» – perché aveva solo diciassette anni ed era una testa troppo calda, doveva ancora capire la differenza che passava davvero tra la vita e la morte. Adesso, però, il Mori lo invidiava. Adesso avrebbe voluto avere diciassette anni anche lui, fregarsene della vita e della morte, almeno in apparenza, fumando una sigaretta con quell'aria vissuta che si era messo su prima della guerra, quando era sempre stato per tutti e per tutte il più bello della compagnia: alto, il profilo deciso, i capelli chiari, gli occhi con quel certo non so che. Ma quel tempo ormai era finito da un pezzo. Quale fosse la differenza tra la vita e la morte il Mori lo aveva capito sulla sua pelle quando lo avevano mandato in Nord Africa: un macello di ragazzini senz'arte né parte come lui, a farsi ammazzare per niente. Con un po' di fortuna era riuscito a tornare in Italia, e dopo l'8 settembre, quando lo avevano richiamato alle armi, pur di non finire di nuovo nell'esercito e in tutto quello schifo, aveva deciso di nascondersi in montagna. Aveva ritrovato i suoi compagni di Carrara, con loro il vecchio Memo, comunista e uomo fatto, e si era unito a lui. Il Mori non era mai stato comunista prima di salire in montagna, prima di diventare un uomo del Memo.

«Re'.»

Renzo Venturini si voltò appena, aveva la faccia pallida come un morto, con uno sguardo tenero e smarrito, di bambino. Un bambino, pensava il Mori, solo un bambino. Ed eccoci qui.

«Gio'» gli faceva quell'altro di risposta. Si chiamavano così, per sentir passare i minuti, senza avere niente davvero da dirsi, come se volessero solo ricordare l'uno all'altro di essere ancora vivi.

«Ho voglia di fumare» diceva adesso il Mori. Si sarebbe fumato volentieri le foglie del granturco.

Quando sentì le urla giù da basso, quelle grida di soldati, di donne e di animali sfiniti dalla paura, il Mori iniziò quasi senza accorgersene a tamburellare con il piede sulla terra dura. Ci siamo, pensava. Adesso ci siamo per forza, adesso il Memo ci dice che il momento è arrivato. Mentre l'angoscia gli chiudeva la gola e gli arricciava lo stomaco, premeva più forte lo Sten sull'avambraccio, stringeva nervoso il pugno intorno al calcio d'acciaio. Ci siamo. E ascoltava il suo respiro, si concentrava con tutto sé stesso sul suo respiro, affinché quel dolore che era come un pugno allo stomaco non prendesse il sopravvento. Calmo, devi stare calmo, si ripeteva.

Il Memo tendeva le orecchie alle grida che si facevano più intense dal greto del fiume in fondo alla valle, oltre il campo di granturco. Mentre sentiva avvicinarsi quell'attimo in cui non avrebbe più potuto rimandare l'attacco, l'attimo che da solo può decidere tutto, che segna la differenza fra vivere e morire, fra vincere e perdere la battaglia – non bisogna mai mancare l'attimo, si diceva, il punto è non mancare l'attimo –, non si sentiva più sicuro di quello che stava facendo. Una boiata, si diceva, stiamo facendo una boiata. E si ricacciava in gola quel pensiero tremendo, quel pensiero senza soluzione.

Rimetteva in fila le ultime ore, mentre sentiva fremere ogni fibra del suo corpo, ogni nervo e ogni muscolo, ogni lembo di pelle. Rimetteva in fila le ultime ore e si malediceva, e bestemmiava con il pensiero, ogni pensiero una bestemmia.

Rimetteva in fila le ultime ore e gli ultimi giorni, tutti gli eventi che come un destino preciso e feroce lo avevano fatto precipitare lì, su quel campo di granturco. Come prima cosa ripensava alle tre donne di Bardine che la sera avanti, mentre il buio aveva colmato le ombre nel bosco di castagni, sotto Viano, gli si erano parate di fronte. Non capiva se fossero più disperate o più arrabbiate. Tre contadine, due molto giovani che sembravano sorelle, secche ma con i polpacci grossi sotto la gonna che lambiva le ginocchia, i capelli biondo cenere sistemati in una crocchia dietro la nuca, che brillavano al chiarore del fuoco, una più anziana col fazzoletto nero legato intorno alla testa. Parlavano veloce, con quel loro dialetto imbastardito dalla montagna, le parole più strette e asciutte delle sue. «I tedeschi» dicevano, «i tedeschi ci portano via tutto.» Si lamentavano di quelle continue razzie, delle bestie prese come una tassa. «Tornano domani, ancora. Non ne possiamo più, non ne possiamo più, dovete fare qualcosa. Così ci fanno crepare, se si continua così, allora tanto vale crepare.» E lui aveva avuto un bel dire che non c'era niente da fare: «Se interveniamo, dopo è peggio, date retta a me».

I loro visi palpitavano al ritmo delle fiammelle, un chiaroscuro che nel bagliore del fuoco faceva sembrare la loro pelle di cera viva. «E allora voi siete come i tedeschi, come i tedeschi, siete: qui solo a campare sulle nostre spalle, a chiederci da mangiare, a fumare, a giocare con i fucili. Che ci state a fare? Vivete sulle nostre spalle anche voi.»

Si era sentito ferire come se gli avessero piantato uno spadone nel fianco, il Memo. Fumava e sputava tra le foglie di castagno che coprivano la terra scura. Fumava per prendere tempo, per darsi un tono. Sputava per intimidire quelle tre donne, quelle tre contadine disgraziate, ma loro se ne fregavano, lo guardavano con le facce secche e allucinate. La faccenda era delicata e difficile, ma di intervenire non se ne parlava, non se la sentiva proprio. Che cosa avrebbero potuto fare che non si portasse dietro conseguenze? Conseguenze tremende.

«Fascisti, siete fascisti anche voi, come tutti quegli altri. Anzi siete peggio, perché voi dite che state dalla parte nostra, ma non state da nessuna parte. Fate solo i fatti vostri, vi serviamo solo per farvi campare.»

Le donne se ne erano andate, i compagni che avevano assistito a tutta la scena gli si erano fatti intorno. «Memo, si deve fare qualcosa, han ragione.»

«Il comando...»

«Vaffanculo il comando.»

Una decina di giorni prima, nella riunione segreta di Tenerano dove si era deciso di far nascere la Brigata Muccini, gli ordini erano stati chiari: ogni operazione andava concordata con il comando superiore, cioè con il maggiore Alfredo Contri. Ma il comando superiore non avrebbe mai dato il consenso a un'operazione del genere. Mai. Assaltare i nazisti per delle pecore: non aveva senso, era troppo pericoloso. Il Memo lo sapeva: il comando superiore si sarebbe fatto una risata solo a sentirne parlare. E comunque non c'era il tempo di avvertire.

Vaffanculo il comando.

Ma la convivenza con la gente di lì non era facile, bisognava pur dare un segnale. Cosa ne sapeva il maggiore Contri? Lui ci si era mai trovato in una situazione simile?

A chiedere cibo e silenzio a quella povera gente che rischiava la pelle quanto loro, e per cosa in cambio? Cosa stavano dando in cambio, loro?

La faccenda era difficile, davvero difficile.

E poi c'era la questione delle armi. In circostanze diverse sarebbe stato facile dire ai suoi: «Come facciamo, noi? Che gli facciamo ai nazisti con le nostre pistole scassate? Gli facciamo il solletico, e andiamo al macello».

Un mese prima avrebbe potuto dire così e la storia si sarebbe chiusa in quattro balletti. Ma adesso era diverso. Era stato il destino a mettersi di mezzo. Una vera botta di fortuna. Eppure mentre si trovava lì, a sudare e a bestemmiare nel campo di granturco, il Memo non sapeva più dirsi se quella non fosse stata, invece, la peggiore delle disgrazie.

Ecco cosa era accaduto: si attendeva un lancio degli Alleati, un lancio grosso. Era destinato alle Formazioni della Garfagnana, il maggiore Contri aveva curato personalmente tutta l'operazione per settimane, ogni dettaglio messo a punto con precisione. Il piano: la notte del 24 luglio l'aereo alleato partito da Brindisi avrebbe dovuto imboccare il litorale tirrenico, risalendo poi il fiume Serchio che segna la valle appenninica della lucchesia, incidendo come una vena tutta la Garfagnana. Il segnale era questo: dei fuochi, da basso, avrebbero guidato i piloti al momento di sganciare i paracadute, sentinelle indispensabili per marcare il nero dei boschi tutti uguali dall'alto della notte. Gli Alleati, però, avevano mancato l'obiettivo. Avevano risposto ai segnali sbagliati. Per sfuggire alla contraerea tedesca che li teneva sotto tiro, il velivolo aveva virato più a nord, imboccando la foce del fiume Magra, anziché del

Serchio. I piloti videro dei fuochi nella boscaglia: erano gli incendi appiccati nel tardo pomeriggio dai nazisti che durante una rappresaglia a Canova di Aulla avevano dato fuoco a case e stalle, ammazzando nove civili. Scambiandoli per il segnale stabilito coi partigiani di Contri, avevano sganciato i paracadute mancando di decine di chilometri l'obiettivo. Non la Garfagnana era stata dunque la valle raggiunta, ma la Lunigiana.

Ne aveva approfittato la banda del Memo.

«Memo, a noi comunisti 'sta roba qui non ce l'avrebbero mai fatta arrivare quelli del comando.»

«Il comando...»

«Vaffanculo il comando.»

Quando gli uomini della Ulivi di Alessandro Brucellaria, detto Memo, avevano recuperato i venti bidoni del lancio, ci avevano trovato dentro un arsenale da esercito. Roba senza precedenti. Mitragliatori Sten, fabbricazione inglese, maneggevoli e robusti, con un caricatore laterale da trentadue colpi. Scatole di munizioni da rifornirci una brigata. Una quantità mai vista di bombe a mano.

«Con queste, Memo, ci facciamo saltare anche Fischer.»

Dopo la visita notturna delle tre donne di Bardine, il Memo aveva preso tempo coi suoi. Aveva bisogno di tempo. «State buoni. Buoni. Ora vediamo.»

Non aveva chiuso occhio: all'alba, che entrava nel vecchio casale disabitato col suo chiarore bianchiccio e già umido di afa, si sentiva un cerchio tremendo alla testa. Al campo la situazione era tornata calma. I più giovani avevano rumoreggiato per buona metà della notte, guardando gli Sten al sicuro dentro una roccia cava sotto il monte, proprio accanto al casale, coperta da strati di foglie, rami e muschio. Poi il sonno aveva incrinato ardori e certezze, e ora il Memo li guardava addormentati nella prima luce del mattino.

Tutto era precipitato un'ora buona dopo.

Da un sentiero laterale che saliva ripido tagliando in due il bosco attraverso un costone di roccia in equilibrio fra due crepacci, era spuntato un uomo. Aveva la faccia rossa e sudata, così rossa e sudata da sconvolgergli i lineamenti, al punto che non avresti potuto dire quanti anni avesse, trenta come cinquanta, la camicia completamente bagnata, per la fatica quasi non riusciva a parlare. Si deve essere fatto quel maledetto sentiero di corsa, pensava il Memo. Era così sconvolto che sembrava dovesse prendergli un colpo da un momento all'altro. I ragazzi del Memo lo fecero sedere su un tronco di quercia mozzato, largo quanto un tavolaccio, morbido di muschio che ci avresti potuto dormire come su un materasso di lana.

«Che succede?»

«Chi sei?»

«Parla, avanti.»

«Calmati, prima.»

L'uomo, ripresosi un poco, iniziò a spiegare come poteva – agitando le braccia e la bocca larga e rugosa per la mancanza di saliva – che giù a Bardine c'era l'inferno. Che i nazisti erano tornati con un camion, che stavano portando via tutto il bestiame, come le altre volte, peggio delle altre volte. Che le sue donne erano rimaste giù, a fare quello che potevano, cioè niente, e lui era corso ad avvertirli.

«Dovete fare qualcosa.»

Il Memo si accarezzava la barba a ciuffo sotto il mento. Ora riparte tutta la baraonda, ora non la fermo più, pensava. Ma non parlava. Guardava quella scena con le pupille così dilatate e nere che gli occhi sembravano due cerchi cavi.

«Bastardi, maledetti.»

«Memo, Memo. Hai sentito? Bisogna andare.»

«Memo, che ci facciamo ancora qui?»

«Memo...»

Il Memo schiacciò la sigaretta sotto il tacco dello scarpone. Si stringeva la barba e il mento sotto la barba. Aveva davvero alternative? Le conseguenze, le conseguenze. I tedeschi gliel'avrebbero fatta pagare, la gente avrebbe dovuto lasciare il paese, dopo l'attacco. E comunque fosse andato l'attacco. «Vivere o morire.» Lo aveva detto ieri a quelle tre donne, lo aveva detto anche al pastore. «Ve ne dovrete andare.» E il comando...

«Va bene» disse alla fine, guardandosi le mani che ora stavano fisse sulle ginocchia. «Andiamo.»

Giorgio Mori si allargava il collo della maglia zuppo di sudore, infilando l'indice e il medio della mano libera tra la pelle umida e il bordo di cotone un po' scucito. Sentiva che gli mancava il fiato. Le urla più in basso, sul greto del fiume, erano insopportabili: avrebbe voluto gridare anche lui. «Memo, quanto ci mette il Memo?» Per un attimo pensò che avrebbe potuto darsela a gambe, che ogni cosa doveva essere ancora decisa, dopotutto, che non doveva per forza sparare. «Quanto ci mette il Memo?»

Renzo Venturini era sempre lì, accanto a lui, a un passo da lui. Forse potevano andarsene insieme, lui e Renzo, insieme sarebbe stato più facile. Ma Renzo gli sembrava immobile e calmo, adesso. Renzo, il più coraggioso di tutti.

Se solo avesse potuto fumare. L'afa stava diventando insopportabile. Un giro di passeri gli squillò forte sopra la testa, levandosi dal campo e facendo fremere come un'unica onda perfetta e compatta la distesa intera di granturco. Fu quello, forse? Fu quello a convincere il Memo che il momento giusto era arrivato, l'attimo che non si doveva mancare, quello che fa la differenza fra vivere e morire, fra vincere e perdere? Il volo di passeri, un unico giro sopra le loro teste.

Giorgio Mori guardò gli uccelli, in alto, e il cielo e il sole che gli oscurò la vista, poi di nuovo il campo davanti a lui. Fu allora che vide alzarsi la mano grande del Memo, alta e bruna contro la luce già piena del mattino. Un attimo ci mise, quella mano. Solo un attimo.

5

Dentro la casa, i proiettili sparati dagli Sten, coi loro boati metallici in rapida successione, avevano squarciato l'aria cristallizzando il silenzio. La mia bisnonna si ricacciò in basso con un salto indietro dalla porta, finendo tra le braccia del marito. «Oddiomio, Dio mio.»

In quello stesso istante, la porta socchiusa fu spalancata con un colpo deciso, come di un calcio, e Palmira e Angelo si videro di fronte, nel triangolo di luce tra la porta e l'ingresso, la sagoma nitida di un ragazzo con gli occhi chiari e svelti, le guance rosse di fatica e di paura, senza ombra di peli, i capelli castani in un'onda sudata sulla fronte, un grosso mitragliatore caricato addosso.

«Sono un partigiano» disse, con Palmira sempre a terra tra le braccia di Angelo. «Sono un partigiano» disse, e non li guardava. «Ho bisogno di una postazione» continuava a non guardarli in faccia, la sua voce era rauca e sconvolta. Quasi ansimava. Palmira non capiva, mormorava qualcosa a labbra semichiuse, Angelo invece – ancora accucciato contro il muro – si alzò di scatto e fece cenno al ragazzo di seguirlo su per la stretta scala di legno che si apriva dal fondo della cucina. «Di qua» indicò senza aggiungere né chiedere altro, col giovane che trascinava la mitraglia pesante come poteva, cercando di non fare troppo rumore. Al piano di sopra, la finestra nella camera da letto dei bisnonni dominava la vallata e guardava verso il fondo, nel punto esatto in cui il fiume si chiudeva in un'ansa che stringeva la camionetta tedesca sotto il pendio dolce di viti.

«Questa» fece il bisnonno.

«È perfetta.»

Quanti minuti erano passati? Tre, quattro, forse meno. Da basso era ancora silenzio. Il ragazzo iniziò a sistemare il treppiedi della mitraglia.

«Una Saint-Étienne» fece il bisnonno, che si ricordava la sua Prima guerra mondiale. E poi, con un po' di premura: «Le avete ancora... Funzionavano male anche trent'anni fa».

«Questa mi hanno dato» rispose concentrato il ragazzo alzando lievemente le spalle mentre stava chino sull'arma, cercando di tenerla in un equilibrio abbastanza fermo oltre la finestra. L'albero di noce lo schermava senza impedirgli di mirare bene. «Perfetto» disse di nuovo, ma quasi tra sé.

«Come ti chiami?»

Il giovane voltò il bel viso di tre quarti, il naso largo e camuso, le labbra carnose perfettamente disegnate, un poco scure, si distesero in un cenno di sorriso che non si poteva dire se fosse più impaurito o più beffardo: «Mi chiamo Raffica».

«Il nome vero. Sei in casa mia, nella mia camera, voglio il nome vero.»

Quello allora tornò serio, e per la prima volta da quando era entrato fissò dritto negli occhi il mio bisnonno: «Mi chiamo Cirelli Costantino» e riprese a guardare la vecchia Saint-Étienne, ormai pronta, col ferro brunito che scintillava sotto un pezzo di sole tra il battente della finestra e il davanzale.

Fu a quel punto che ripartì un nuovo boato di mitraglia. Costantino e Angelo si buttarono a terra, come per un riflesso automatico, riparandosi sotto il davanzale e coprendosi la testa con le braccia, perché stavolta i colpi erano stati così vicini che sembravano essere entrati direttamente dentro casa. Chi aveva sparato, adesso? I tedeschi o i partigiani? Il bisnonno non osò chiedere, mentre lo stomaco gli si chiudeva tutto in una tenaglia strettissima. Fu Costantino a dire, come se avesse inteso quel pensiero: «Sono i tedeschi, questi sono i tedeschi».

«Voi siete là nel campo?»

«Sì, nel campo di granturco.»

«In quanti?»

«Diciotto, divisi in tre squadre, e io quassù. Li abbiamo praticamente circondati», ma il tono non aveva in sé nulla di trionfante, era solo una constatazione piena di dubbi.

«Cosa volete fare?»

«Farli arrendere, prenderli prigionieri.»

«E se non ci riuscite?»

Costantino Cirelli restò un attimo in silenzio. «Allora moriremo noi, o moriranno loro.»

Il bisnonno tornò a sporgersi dalla finestra mettendosi appiattito contro il muro, con la spalla premuta sulla giuntura fredda del battente, mentre Costantino aveva riguadagnato la sua posizione dietro la Saint-Étienne. Da quel punto si vedevano bene i tedeschi, che si erano nascosti sotto la camionetta, usando le grosse ruote come riparo. Angelo notò un rivolo di sangue tanto scuro che pareva quasi nero sulla terra compatta e grigia del greto, che aveva iniziato a scendere lento e vischioso da sotto il camion e verso l'acqua del torrente. L'hanno colpito, hanno colpito un tedesco, pensò, e non sapeva se esserne contento o invece terrorizzato. Diobono, diomio, diceva tra sé, e gli venne voglia di pregare. Rimase immobile, col sudore che gli scendeva freddo lungo la spina dorsale.

Al piano di sotto, Palmira aveva richiuso la porta, questa volta girando la chiave. Se ne stava accucciata nella penombra della casa sigillata: le raffiche fuori, a un passo da lei, arrivavano adesso con una cadenza continua, senza pause, con l'aria che si era fatta densa di quei suoni violenti e metallici. Pensava alle bestie nella stalla, alla Giannina che era rimasta l'unica mucca, ai conigli che dovevano già essere tutti morti di paura. Se li raffigurò per un momento in un'immagine nitida: i suoi conigli con gli occhi rovesciati e senza più fiato. Voleva salire di sopra, andare a vedere cosa stessero facendo Angelo e quel ragazzo piombato in casa all'improvviso, ma le ginocchia le sembravano diventate di marmo, iniziò a premersele con le dita tanto se le sentiva dure e fredde, per capire se il sangue circolasse ancora.

Angelo, Angelo. Voleva chiamarlo adesso, le sembrava di chiamarlo ma suoni dalla bocca non ne uscivano, o forse sì ma erano coperti dagli spari. Angelo, chissà cosa pensava lui, adesso. Chissà se aveva paura quanto lei, se anche lui sentiva le ginocchia di marmo e aveva voglia di andare a controllare le bestie nella stalla. Chissà se era spaventato da quel partigiano entrato in casa loro con la mitragliatrice. Angelo che era sempre stato antifascista. Che era contento di suonare il violino nella banda del paese perché, così diceva il bisnonno, almeno aveva la scusa per non fare il saluto romano, per via delle mani occupate entrambe, una dallo strumento e una dall'archetto. Angelo che diceva, anche in pubblico, soprattutto in pubblico: «Io non ce l'ho mica col Duce, quel disgraziato là, ce l'ho con la donna che lo ha messo al mondo». Angelo che una volta fu preso dai fascisti di Soliera, gli fecero bere l'olio di ricino e lo chiusero in casa, con Palmira e tutti e quattro i figli dentro, anche Ivo, il più piccolo. Tutti chiusi là dentro per quasi due giorni, senza bagno, perché il bagno non c'era e si usava la latrina nel cortile, così avevano liberato la stanza da letto per Angelo e la sua umiliazione, e Palmira quella volta, solo quella volta, aveva pianto tanto, e aveva imprecato contro i fascisti anche lei, con mia nonna Iolanda che provava a consolarla.

E Ivo? Ivo che viveva ancora con loro, il più bello e il più amato, che non aveva ancora diciotto anni, dov'era adesso, in mezzo a quell'inferno? Chissà se era al sicuro, se sapeva di tutto quello sciagatto, se aveva avuto la prontezza di nascondersi nelle grotte tra il torrente e i castagni, se sarebbe stato abbastanza assennato da rimanersene nascosto lì per tutto il tempo necessario. Ma quanto sarebbe stato il tempo necessario?

D'un tratto tornò il silenzio. Un silenzio asciutto e freddo come una lama nella mattina d'agosto. Poi, immediatamente dopo, un rumore di scarpe sulle scale, e ricomparve Angelo che la guardava come non l'aveva mai guardata prima, con gli occhi vuoti di terrore.

Mentre lui le andava incontro e lei gli tendeva le braccia, proprio in quel momento la casa tremò, inghiottita dal rumore di una granata, un rumore che sa cancellare tutto, perfino i colori.

Nel campo di granturco ormai illuminato da un sole densissimo, il Memo capì che c'erano meno di cento metri tra loro e i tedeschi. Meno di cento metri. Gli Sten avevano compiuto il loro dovere, avevano fatto guadagnare terreno alle tre squadre che chiudevano il campo e quindi l'argine del fiume in una trappola quasi perfetta, ma le munizioni iniziavano a scarseggiare e i tedeschi resistevano sotto il camion, rispondendo al fuoco e costringendo i partigiani a stare coperti sotto il granturco, ad avanzare più lenti di quanto avrebbero potuto, a scaricare le armi con un'irruenza che rischiava di lasciarli presto a secco.

«Vitto'» cominciò a gridare il Memo, «Vitto'.» Vittorio Pelliccia, il suo vice con la gamba guastata in Africa orientale – dove aveva combattuto agli ordini di Rommel –, era carico delle bombe a mano trovate nei bidoni degli Alleati, pronto a lanciarle a un cenno del Memo. Ma lui aveva voluto prendere tempo, non passare subito alle armi pesanti, perché sapeva quante controindicazioni avevano, e soprattutto sapeva che erano l'ultima risorsa, quella da non sprecare, quella che, una volta finita, non avrebbe concesso altre possibilità. Adesso però erano a meno di cento metri dai tedeschi, gli Sten esausti, bisognava provare a portare a casa il risultato. Adesso o mai più, pensò il Memo. «Vitto'! Dai, Vitto', dai che ci siamo. Passamele, dai.» Pelliccia gli si era fatto praticamente a un passo, gli allungò la prima bomba. Il Memo sudava, aveva la fronte e le braccia e le mani sudate. Sfilò la linguetta, premette il pollice sopra la sicura, iniziò a contare come gli avevano insegnato. Uno. Due. Tre. Prese un respiro, fece roteare il braccio dietro la schiena. Uno due tre. Tolse il pollice – uno due tre – e lanciò: la bomba volò alta davanti a lui, oltre il torrente, e il filo di fumo, quasi impercettibile, segnò una parabola leggera nell'aria. Gridò forte ai compagni: «State giù». La bomba precipitò a terra quasi senza fare rumore, proprio davanti alla camionetta tedesca, i partigiani si buttarono nello stesso istante, coprendosi la testa con le braccia, mentre l'esplosione faceva schizzare in aria una fontana di terra e di pietre. Il Memo si rimise in piedi. «Un'altra, Vitto', un'altra.» Uno. Due. Tre. La seconda bomba arrivò un attimo dopo, con lo stesso rumore d'inferno.

Dalla finestra della casa dei miei bisnonni, Costantino Cirelli vide il cadavere di un tedesco rotolare pesante verso il greto e poi nel torrente, e vide l'acqua del torrente farsi improvvisamente rossa. Altri due corpi si muovevano a meno di un passo da quel cadavere, Cirelli allora azionò la Saint-Étienne contro di loro. Chiuse un attimo gli occhi, solo un attimo. Ci siamo, ci siamo. Adesso, adesso ci siamo, pensò.

Tornò di nuovo il silenzio, il Memo, steso a terra, guardava Vittorio Pelliccia che guardava lui, e cercava poi con gli occhi gli altri suoi uomini, li contava mentalmente, uno a uno, immaginandoli nelle loro posizioni perché non poteva vederli tutti. I tedeschi avevano smesso di sparare.

Dalla finestra, Costantino vide un soldato che avanzava con le mani in alto. Si arrendono, si arrendono, si disse. Un altro alzava bandiera bianca. I tedeschi si arrendono.

«Si arrendono, Re'. Hanno alzato bandiera bianca, guarda Re', guarda.»

Il Mori vide gli occhi di Renzo Venturini riempirsi di luce e la sua faccia perdere quel pallore di morte. Renzo lo guardava come se lo vedesse per la prima volta.

«Ci siamo, Gio'? Ci siamo davvero?»

«Sì, sì. Guarda.»

Giorgio e Renzo guardarono il granturco di nuovo immobile, il greto del fiume tornato silenzioso, e poi, per la prima volta da ore, si fecero un sorriso. I ragazzi del Memo, col Memo per primo, iniziarono ad avanzare più spediti verso il torrente e verso i tedeschi, stringendo gli Sten, senza quasi più munizioni, ma si sentivano sicuri, adesso.

«Renzo, Re'.» Il Mori lo chiamava, avrebbe voluto prendere la mano al suo amico di sempre, avrebbe voluto dirgli: «Alla fine poteva essere peggio, alla fine ci è andata proprio bene, alla fine... guarda, guarda cosa abbiamo fatto. I tedeschi si sono arresi, guarda». E invece non disse nulla, fece solo in tempo a girarsi un istante quando una doppia raffica di mitraglia attraversò l'aria riempiendola di sibili metallici che gli sfioravano le orecchie e i capelli e le mani e le braccia e ogni fibra dei vestiti.

«State giù!» Una voce, di nuovo, anzi: un urlo sovrastò la raffica, un urlo disumano. Troppo tardi. Il Mori riuscì a girarsi appena e mentre si buttava a terra, sotto quell'inferno di proiettili, vide i proiettili cadere addosso a Renzo, attraversarlo come se fosse fatto di paglia, un corpo di paglia scaraventato in alto e poi di nuovo buttato a terra. Senza parlare, senza chiamarlo, senza urlare, Giorgio Mori vide la bocca aperta dell'amico e, dalla bocca, un filo nero di sangue che scendeva lento sulle labbra e sul mento fino a toccargli il collo. E allora sentì che gli occhi gli erano diventati ciechi di lacrime.

«Ci hanno fregato, maledetti, ci hanno fregato.» Il Memo stava accucciato al suolo, nel caos di sangue e grida del campo. Una polvere bianca e densa aveva colmato l'aria intorno, l'eco delle raffiche gli aveva piombato le orecchie che adesso filtravano un unico eterno ronzio. La polvere gli impediva di orientarsi e di capire chi fosse vivo e chi fosse morto. «Memo, sono qua Memo.» Vittorio Pelliccia, di nuovo accanto a lui, gli parlava forte, ma la sua voce gli arrivava come un sussurro. «Vitto', Vitto', ci hanno fregato, ci hanno fregato.» Vittorio annuiva, aveva la faccia sconvolta, eppure stava saldo sulle ginocchia piegate: il suo tesoro di guerra, le bombe, era al sicuro. Da dietro, un urlo selvaggio li costrinse a girarsi, ma non potevano vedere nulla attraverso le foglie del granturco. Sentivano solo un lamento come un guaito di lupo, e poi, nei singhiozzi, una litania straziata: «Il mio braccio, il mio braccio, il mio braccio».

Il Memo e Pelliccia si guardarono e si intesero con un cenno del capo, il primo strinse gli occhi rossi di sangue e di polvere.

«Le bombe, Memo. Sono qui.»

«Ne hai ancora?»

«Sì, non molte, però.»

«Dammele, dai.»

Vittorio Pelliccia non disse niente, eseguì l'ordine come un automa, con precisione, senza che gli tremasse la mano, come se la paura di quello che era appena accaduto non lo avesse sfiorato. Il Memo prese una bomba e poi un'altra e poi un'altra ancora. Le lanciava di là dal fiume, veloce e preciso. Poi Pelliccia disse: «Non ne ho più, non ne ho più». Nel fumo e nella terra e nella polvere non si vedeva nulla. Il Memo si fermò con la mano nel vuoto e si sentì perduto, mentre una nuova raffica di mitra nell'aria fiaccata dalle bombe gli arrivava adesso da dietro, alla sua sinistra. Addio, siamo morti, pensò. E chiuse gli occhi, come se dovesse soltanto aspettare la fine.

«È Walter! Sono quelli del Walter.» Pelliccia lo scuoteva tutto adesso, agitandogli la mano sulla spalla, gridando con una voce che il Memo non gli aveva mai sentito prima. Il Memo aprì gli occhi e vide che erano gli uomini del Walter: avevano già preso il pendio di vite sopra il fiume e stavano addosso ai tedeschi dall'alto. Altri arrivavano da dietro, da dove aveva sentito sparare. «Diomio grazie, diomio.» I partigiani del Walter erano arrivati lì, richiamati dagli spari e dal fragore delle bombe, dalle ore di fuoco e dalle urla sotto il sole: il loro campo non si trovava lontano da quello della Ulivi, era dalla parte del bosco che pende sopra Sarzana, ed erano compagni anche loro. «Il Walter, diobono.» Il Memo si coprì la faccia con le sue mani grandi e pesanti, non sapeva se ridere o piangere, restò muto, riprese lo Sten ormai scarico, si buttò in avanti con il mitra in spalla, verso la camionetta tedesca. Né una voce né un pianto si levavano ormai dal greto rosso del fiume.

Costantino Cirelli scese le scale a quattro a quattro, ripiombando nella cucina semibuia con la sua Saint-Étienne in spalla. «Li abbiamo ammazzati tutti!» Palmira e Angelo stavano lì, stretti l'uno contro l'altra, senza parlare, sembravano piccoli piccoli nell'angolo dietro al camino, appiattiti come si appiattisce un ragno sul muro per sfuggire alle setole della scopa, convinto di non essere visto, convinto che così si potrà salvare. Costantino li guardava coi grandi occhi chiari e smarriti, li guardava come chi avesse voluto dire troppe cose senza riuscire a cacciare fuori una sola parola. L'eccitazione della battaglia era tutta in quelle mani strette sulla Saint-Étienne, al punto che le nocche gli erano diventate bianche e i dorsi chiazzati di rosso. Il bisnonno fece sedere Palmira sulla madia, poi andò incontro al ragazzo senza sapere bene cosa fare.

«Devo andare» disse Cirelli abbassando la testa.

«E adesso che succede?»

«Non so... Devo andare. Li abbiamo ammazzati tutti.»

«Ma quanti erano?»

«Non so, venti, trenta. Non so.»

«E come...»

«Sono arrivati anche i rinforzi, la banda del Walter da Sarzana. C'erano anche loro, alla fine li abbiamo ammazzati tutti.»

Angelo restava zitto e immobile, le mani a mezz'aria a stringere qualcosa nel vuoto, come chi non ha più né forze né parole.

«Non potevamo fare altrimenti...» Cirelli muoveva le gambe, spostando il peso del corpo prima sull'una e poi sull'altra, poggiò la mano libera sulla maniglia della porta, senza dire niente girò la chiave e aprì con un leggero scatto. Attraverso la fessura di luce che entrava in casa, Palmira vide il greto del fiume, le pozzanghere rosse e nere di sangue e di terra e di fango che chiazzavano la riva, sulle pietre bianche scorse una mano semiaperta, era più bianca delle pietre, le dita lievemente contratte come di chi, morendo, avesse provato ad afferrare qualcosa.

«E noi cosa facciamo?» disse Palmira in un sospiro dal fondo della cucina, la faccia coperta dall'ombra, i piedi che si guardavano le punte, le mani sulle ginocchia. «Che facciamo?» Ma era una domanda per sé stessa, una domanda che si portava già dentro la sua risposta.

La faccia di Costantino Cirelli a quel punto si accese di un rosso vivido e gli occhi gli diventarono tanto scintillanti da sembrare umidi.

«Dovete scappare» disse soltanto. «Ve ne dovete andare, non è sicuro qua.»

«Ho capito» gli fece il bisnonno, «capisco.»

«Dovete andare... Adesso vado anch'io, devo andare.» Li guardò un'ultima volta con il piede sulla porta, guardò Palmira sulla madia e poi Angelo, a un passo da lui. Li guardò come chi avesse voluto dire troppe cose ma invece restò in silenzio, girò la faccia verso il cielo azzurro e bianco della campagna, il campo giallo e marrone di granturco, la collina verde e nera di castagni, e uscendo richiuse la porta senza fare rumore. La casa tornò di nuovo buia e Palmira sentì che fuori le cicale avevano ripreso a cantare.

6

È stato Roberto Oligeri a mostrarmi per primo il greto del torrente Bardine, l'ansa che si stringe a gomito sotto il dolce pendio un tempo coltivato a viti e che oggi è un bosco di acacie e rovi bassi e grigi protesi come braccia magre fin quasi a toccare l'acqua. Il campo di granturco non c'è più, al suo posto si vede il ponte che collega le due rive attraverso la strada provinciale. «I partigiani della Ulivi arrivarono da là» mi diceva Oligeri mostrandomi la collina di castagni e, in mezzo, il paese di Viano, minuscolo, che usciva dalla macchia scura del bosco con la sua torre e quel giro di case attorno, le cascine sparse che disegnavano radure strette e isolate tra gli alberi fitti. Lì, tra quegli alberi, doveva trovarsi il casolare abbandonato del Memo, il rifugio dei suoi uomini poco più che ragazzi armati fino ai denti per un errore o per un regalo del destino – quel lancio sbagliato degli americani –, a ingannare il tempo e l'angoscia e l'incertezza del nulla che avevano di fronte, in quel mese di agosto che incise su troppe vite un marchio indelebile.

Scendendo lungo la strada e lasciando San Terenzo alle spalle, la casa dei miei bisnonni mi apparve poco prima del torrente, sulla destra, come un parallelepipedo di cemento bianco su due piani bassi e allungati. Il silenzio era completo. Nel pomeriggio ottobrino, tiepido e umido, neppure i passeri sembravano abitare quella campagna ormai quasi del tutto abbandonata.

«Così era questa» feci io.

«La casa degli Angelotti, sì.»

«Chi ci abita adesso?»

Oligeri si strinse nelle spalle: «Non saprei dirti, in realtà... È passata da tante famiglie negli anni».

Guardai l'orto di fronte alla casa: l'albero di noce era sparito, mentre c'era ancora un vecchio fico alle pendici della strada, mi chiesi se fosse lo stesso, quello della bisnonna Palmira e della zia Angela, quello che guardava il noce da cui pendeva l'altalena fatta con le funi e un'asse di legno. Sulla collina a sinistra, i muretti a secco che un tempo delimitavano le piane dei vigneti erano quasi tutti scomparsi, ne restavano tracce intervallate da rovi e terra franata, erbacce cresciute selvagge fra i moncherini nodosi di qualche tronco di vite superstite e inselvatichito. La casa era così incredibilmente vicina al luogo della battaglia, così incredibilmente vicina: l'acqua del torrente sembrava, dalla prospettiva di quel che restava del vecchio orto, un triangolo verde e azzurro, a strapiombo proprio sotto i piedi, con le Apuane a vegliare intorno, le loro cime bianche, gigantesche e aguzze.

«Stavano lì i tedeschi, ecco guarda: proprio laggiù», con il dito Oligeri indicava l'ansa del torrente ormai quasi invasa dalla boscaglia di acacie.

«Ci si può arrivare?»

«Certo, con un po' di attenzione.»

Il sentiero era sconnesso, le piogge della sera prima trasformavano ogni passo in un affondo melmoso. «La camionetta si trovava più o meno qui, in questo punto, vedi? Così», e mi mostrò uno slargo di quella che un tempo doveva essere una strada e ormai non era quasi più nulla, cancellata dal fango e dal bosco. «Le SS fecero salire il bestiame passando dalla via qui sopra, al tempo c'era solo quella, che porta poi su a Fosdinovo.»

I tedeschi della 16ª Divisione Reichsführer-SS, al comando del tenente Albert Fischer, furono ammazzati lì, dunque, dopo quasi tre ore di battaglia: sedici in tutto i loro morti, che provarono inutilmente a trovare riparo sotto le ruote del camion. «Poi c'era un altro soldato» mi spiegava Oligeri, «ferito gravemente.» Riuscì a tornare al comando aiutato da alcune donne di San Terenzo che pensavano in quel modo di essere risparmiate dalla vendetta nazista. Morì poco dopo.

«E c'era il campo di granturco» dissi io.

«Era qui di fronte: devi immaginare che tutto era coltivato, tutto, ancora fino a quand'ero ragazzo io. I boschi sono arrivati dopo, a poco a poco: per ogni contadino che se ne andava, loro si mangiavano un pezzo di collina, e poi un altro pezzo e poi un altro pezzo ancora.»

Invece i partigiani avevano l'orizzonte libero arrivando da sopra, da Viano, e potevano facilmente dominare tutta l'area: controllare gli spostamenti dei nazisti, prevedere le loro mosse, tenerli sotto tiro.

Tra i partigiani del Memo ci fu una vittima, Renzo Venturini, che aveva diciotto anni, sorpreso da una raffica di mitra dopo che le SS avevano alzato bandiera bianca per attirare quelli della Ulivi in una trappola. Un altro ragazzo che aveva più o meno la stessa età, Roberto Vatteroni, perse un braccio nel combattimento. Diceva Oligeri, indicando le Apuane coi contorni che si perdevano nell'aria pesante e grigia di nuvole basse del pomeriggio: «I partigiani fuggirono passando da questo bosco qui, risalendo tutta la collina. Tornarono prima a Viano per far curare Vatteroni, poi tagliarono per i monti».

«Dove?»

«Laggiù, vedi? Laggiù c'è Carrara, loro si nascosero nelle cave, sopra Carrara.»

Guardai per un attimo il profilo delle Apuane e mi sembrò ancora più piccola la casa di Palmira e Angelo, bianca e solitaria in quell'orto che orto non era più. Provai a pensarli lì, stretti l'uno accanto all'altra nella mattina del 17 agosto 1944, mentre il greto del Bardine si riempiva di sangue e cadaveri, e mi chiesi se sapessero di essere in trappola, se avessero davvero la percezione della sentenza di morte che gli si era abbattuta addosso. Se intuissero i confini di quella prigione, se il cielo e le montagne sopra di loro fossero sufficienti a regalare l'illusione di avere ancora vie di scampo. Il 17 agosto 1944 era un giovedì.

Ci vollero anni, anni. «All'inizio i partigiani, qui, non li volevano vedere» diceva Oligeri.

Subito dopo la guerra, a San Terenzo iniziarono a ricordare i morti della strage nazifascista, ogni anno il 19 agosto. Si faceva una cerimonia religiosa con il prete, giù alla fattoria di Valla, insieme alle famiglie spezzate e ai sopravvissuti. Oligeri mi raccontò che alla prima cerimonia, il 19 agosto 1945, vennero anche i partigiani della Ulivi, da Carrara, con le bandiere. E disse che quando li videro entrare in paese, per poco non arrivarono alle mani o peggio, erano dovute intervenire le guardie. Avevano raggiunto il

Memo, Alessandro Brucellaria, e gli avevano detto: «Voi, qui, non siete graditi, prendetevi le vostre bandiere e andatevene altrove, perché qui non c'è niente da festeggiare, c'è solo da piangere i nostri morti».

La gente di San Terenzo accusava i partigiani di voler celebrare l'attacco del 17 agosto, che è ancora oggi ricordato come una delle più importanti operazioni della Resistenza sulla Linea gotica. Forse la più importante. Ma dalle famiglie distrutte, dai sopravvissuti traumatizzati, dagli orfani e dai vedovi della strage, l'assalto alla guarnigione nazista veniva vissuto come la miccia che aveva innescato un eccidio destinato a segnare per sempre il destino di un paese.

Ci vollero dunque anni. Il Memo continuò ad andare a San Terenzo, ogni 19 agosto, anche quando gli altri compagni di quella che fu la Ulivi si erano arresi alle ostilità, e avevano rinunciato. Arrivava da solo, con la bandiera, si metteva nell'ultima fila e stava con la testa bassa, senza dire niente.

«C'è voluto troppo tempo perché la nostra gente capisse che non si poteva dare la colpa ai partigiani per quello che era successo» mi diceva Oligeri stringendosi nelle spalle, con una punta di imbarazzo e di amarezza, guardando il greto del Bardine grigio per le nuvole basse che si riflettevano sul pelo dell'acqua.

«E a San Terenzo nessuno era diventato partigiano?»

«Sì, certo. Dopo la strage si formò proprio un gruppo autonomo con dei ragazzi di qua, tra loro c'era anche tuo zio Ivo, il figlio di Palmira, che non aveva nemmeno vent'anni. Si facevano chiamare i Vendicatori Santerenzini.»

Oligeri sorrise e io non replicai nulla: pensavo a quanto sia difficile rimarginare il dolore, dargli una forma e un senso, una dimensione che lo renda accettabile secondo quel principio di causa ed effetto che pericolosamente contorce il pensiero di vittime e sopravvissuti: se tanto male è stato fatto, ci dev'essere per forza un vizio originario, una colpa da espiare da parte di chi quel male lo ha subito.

«Anche mia nonna ce l'aveva con loro... i partigiani» aggiunsi poi, ma come se lo stessi dicendo a me stessa.

Oligeri intuì la mia angoscia, mi sfiorò appena il braccio: «Era così per tutti, qui. Non perdonavano ai partigiani di non essere rimasti a difendere il paese. Ma come avrebbero potuto? Erano venti ragazzi, i nazisti arrivarono in cinquecento la mattina del 19, armati fino ai denti».

«E tu? Ce l'avevi con loro anche tu?»

«Sono nato dopo la guerra, sono nato con il dolore già metabolizzato. I torti e le ragioni erano così chiari che non ti poteva nemmeno venire il dubbio, a meno di non essere in malafede.» Oligeri non mi guardava, teneva gli occhi fissi sull'acqua del Bardine, ogni tanto si grattava il mento con il dorso della mano.

«Ma per gli altri...»

«Devi sentire la tragedia, devi immedesimarti nella tragedia. È difficile ma devi farlo, altrimenti non puoi capire. Se ti sterminano la famiglia, in quel modo... Tu devi pensare, per avere un'idea di che cosa fu San Terenzo dopo la strage, che tanti qui impazzirono. Mio padre non impazzì, ma perse tutti i capelli da un giorno all'altro, e poi divenne cieco da un occhio. Per dire, c'era Guerino, un signore a cui avevano ammazzato tutti, tutta la famiglia: Guerino era un uomo di chiesa, molto religioso, mio padre mi raccontava che quando c'era la processione lui era il primo ad andare. Quella sera lì, la sera del 19 agosto, era diventato matto. Urlava alla luna, come un lupo, e diceva: "Gesù Cristo! Ma 'ndo' te se'? Me a vegn' su a piarte per la barba e a te tir giù! Me a t' metto sotto i pe'... Ma padre eterno, me a t'ho sempre servito".»

«Il nemico, voglio dire... era chiaro che erano stati i nazisti.»

«Certo, ma intanto devi pensare che i nazisti non se ne andarono dopo la strage, cioè, se ne andarono i soldati che l'avevano fatta materialmente, ma poi l'occupazione continuò per molti altri mesi, e la gente viveva gomito a gomito coi suoi aguzzini, rimasero insieme, che è una cosa che diventa un trauma nel trauma, terribile, che distorce tutto.»

«Sì.»

«E poi c'era questo fatto: che i partigiani avevano dei volti, dei nomi, erano conosciuti e riconoscibili. Mentre i tedeschi no. Nessuno sapeva i loro nomi, erano come il male, il male con la M maiuscola. Nessuno sa il nome del Male, nessuno sa la faccia del Male. Il Male con la M maiuscola è come un terremoto, un incendio, una slavina: c'è e basta, non è un nemico contro cui combattere, è un flagello di fronte a cui soccombere. Quei nazisti assassini non avevano facce e non avevano nomi, per molti anni non li hanno avuti. Per molti anni non ci sono stati colpevoli, la giustizia non li ha cercati né trovati.»

Oligeri mi raccontò di come le cose avessero iniziato a cambiare solo verso la fine dei Settanta, quando le ferite presero a bruciare meno per tutti e l'astio piano piano si diluì e poi quasi si dileguò: «La gente, allora, non lo diceva più tanto a voce alta che la colpa era dei partigiani».

Si ricordava una cosa, soprattutto, che gli era rimasta impressa: l'anno prima che il Memo morisse, l'ultimo anno in cui aveva partecipato alla commemorazione di San Terenzo, un anziano del paese, che tanto lo aveva avversato nel corso della loro gioventù, lo vide seduto tutto solo al bordo della fontana davanti alla chiesa, con la bandiera arrotolata appoggiata contro la spalla. «Che fai Memo?» gli disse. E lui, in dialetto: «Ne ghe la fai più».

«Ma sta' zitto, Memo! Vien via dai, che ti prendo a braccetto io.»

Aveva detto, Roberto Oligeri, che le SS naziste erano il male, «il male con la M maiuscola», quello che non ha corpo e che non ha volto, quello che non puoi raccontare. Così per molti anni, a San Terenzo, il Male aveva preso la forma di ombre e voci e suggestioni macabre nella memoria del paese – la collana dei proiettili, il pugnale negli stivali, la mitraglia, il teschio sull'elmetto, il Monco, come tutti chiamavano l'ufficiale senza braccio che comandava le SS –, ma non aveva identità reali contro cui indirizzare la rabbia, la frustrazione, l'orrore. Perfino la speranza aveva assunto la forma di un archetipo: Clara, la bambina che si rialza dalla montagna di morti, la bambina che diventa il simbolo della salvezza e del futuro nel campo pieno di sangue e corpi smembrati. Il Bene che non si piega al Male. Per molti anni era stato dunque il Male senza nome a tormentare gli incubi dei sopravvissuti di San Terenzo. Di quegli orfani e di quei vedovi. Impedendo loro di trovare una comprensione che fosse più concreta e insieme accettabile, una comprensione che solo il senso della giustizia terrena può dare su fatti così squallidamente umani.

Perché un nome, un volto, il Male che ha travolto San Terenzo lo aveva. Era il volto e il nome di uomini che, escluse rarissime eccezioni, non hanno mai conosciuto un giorno di carcere, non hanno mai subito un processo, non hanno mai dovuto rendere conto – a nessuno, nemmeno per un minuto – dei crimini che avevano commesso. Uomini che nei lunghi anni di pace dopo la guerra hanno avuto famiglie e amori, lavori, dolori e lutti, figli e nipoti e denari, case e pensioni, e perfino, talvolta, onori e riconoscimenti. Uomini che si sono ricostruiti un'identità e una vita, che hanno abilmente, cinicamente e consapevolmente fatto perdere ogni memoria di quel passato di omicidi e distruzioni di cui erano stati protagonisti e artefici. Spesso coperti dalle istituzioni – tedesche e italiane – che ne hanno parato le sorti, consentendo che i loro segreti di morte e vergogna non trovassero mai la luce della cronaca, della verità e della giustizia.

Ancora oggi, ottant'anni dopo, sono pochissimi i nomi di quegli uomini, quasi cinquecento uomini, che possiamo consegnare con certezza al giudizio della storia. Eccoli, quei nomi: il generale Max Simon, i maggiori Walter Reder e Helmut Looß, i capitani Max Paustian e Rudolf Hatz, i tenenti Gerhard Walter, Otto Saur, Wilfried Segebrecht, Albert Fischer, Max Saalfrank, il sottotenente Paul Albers. E poi: il maresciallo Hubert Bichler, i sergenti Josef Baumann, Wilhelm Kusterer, Max Roithmeier, Arnold Rosler, Adolf Schneider, Max Schneider, Fritz Träger, Georg Wache, Helmut Wulf.

Nessuno di loro è ancora vivo. Erano uomini della 16ª Divisione SS corazzata granatieri Reichsführer-SS, nata nel 1943 per combattere i russi sul fronte orientale, addestrata all'omicidio e allo sterminio nei villaggi di quelle che oggi sono l'Ucraina e la Bielorussia, dove le truppe controllate dal generale Simon si erano scientificamente e lucidamente esercitate nel compiere stragi, devastazioni, stupri, saccheggi, rapine. Tra la primavera e l'estate del 1944, fu proprio la 16ª Divisione a essere chiamata in Italia per contrastare l'avanzata alleata con un preciso compito, che non riguardava la guerra al fronte, ma la «bonifica» – così si esprimevano le SS – delle zone in cui si era organizzata la Resistenza. In pochi mesi, la 16ª Divisione aveva assediato con le proprie truppe Lucca, Camaiore, Pietrasanta, Massa, Carrara, Castelpoggio, Sarzana, Fosdinovo, Canova, Soliera, Licciana Nardi, Comano, in una catena di fortini che riusciva a controllare tutta l'area di quella che diventerà la Linea gotica, dalle Apuane al mar Tirreno, dalla Versilia alla Liguria, lungo il solco aspro dell'Appennino.

Era la 16ª Divisione SS che aveva il compito di sradicare da quell'area – la chiamavano la «zona nera» – i partigiani. È stata la 16ª Divisione SS ad aver portato a termine con un piano preciso, risoluto, dettagliato tutte le stragi dell'Italia centrosettentrionale dall'estate all'autunno del 1944: l'11 agosto a Nozzano, 69 morti. Il 12 agosto a Sant'Anna di Stazzema, 560 morti. Tra il 17 e il 19 agosto a San Terenzo Monti, 159 morti. Tra il 24 e il 27 agosto a Vinca, 162 morti. Tra il 7 e il 10 settembre alla Certosa di Farneta, 12 morti. Tra il 10 e il 16 settembre alle Fosse del Frigido, 159 morti. Il 16 settembre a Bergiola Foscalina, 72 morti. Tra il 29 settembre e il 5 ottobre a Marzabotto, 770 morti.

In tutto fanno 1963 morti ammazzati. Se ci si prende il tempo per contarli, per leggere i nomi, i cognomi, le età di quei 1963 morti, si scopre che sono, per la stragrande maggioranza, donne e bambini.

A quasi tutte queste azioni la 16ª Divisione SS non ha partecipato da sola ma ricevendo un aiuto, fondamentale, per la logistica e per la ferocia. Quello degli italiani della XL Brigata nera Vittorio Ricciarelli. Fu lo stesso Reder a parlarne, nel processo che nel 1951 lo condannò a Bologna all'ergastolo: per molte decadi, rimase il solo ad aver avuto una condanna per le stragi perpetrate in Italia, insieme al generale Max Simon, condannato a morte nel 1947, a Padova, dal Tribunale militare britannico, poi trasferito in Germania e liberato nel 1954 grazie all'intercessione del vescovo di Colonia, Josef Frings.

Fu il maggiore Reder a tirare in ballo altri ufficiali nazisti, durante il processo a suo carico. Tra questi, Helmut Looß, un passato nella Gestapo, fanatico di Hitler, che dopo la guerra tornò nella regione di Brema, cambiò cognome prendendo quello di sua madre, e divenne maestro elementare. Oltre a fare il nome di Looß, davanti ai giudici del Tribunale militare di Bologna, Reder parlò anche del colonnello Giulio Lodovici, comandante della XL Brigata nera Vittorio Ricciarelli di Livorno. Si facevano chiamare «Mai Morti». Di loro, mia nonna raccontava che li distinguevi subito dai nazisti perché erano vestiti di nero e portavano una reticella nera sulla faccia per non farsi riconoscere, e mentre ammazzavano e violentavano e bruciavano e torturavano qualunque cosa vivente si trovassero davanti – bambini, donne, vecchi, animali – suonavano un organetto. Alla sola strage di Vinca, che è la diretta prosecuzione dell'eccidio di San Terenzo, parteciparono circa cento repubblichini. Per loro ci furono solo undici condanne all'ergastolo, nel 1950, del Tribunale di Perugia. Vennero tutti amnistiati pochi anni dopo. Il colonnello

Lodovici non fu mai condannato, per insufficienza di prove. Reder, l'unica SS ad aver scontato il carcere per i suoi orrori, fu amnistiato da Bettino Craxi nel 1985. Tornò in patria, in Austria, su un aereo messo a disposizione dal governo italiano. Nel 1986 disse: «Non ho bisogno di giustificarmi di niente».

Così è stato anche per colpa di processi parziali, tardivi, incompleti, è stato anche per colpa di documenti arbitrariamente archiviati e di una giustizia sostanzialmente inespressa, se ancora non è del tutto possibile avere, oggi, una memoria davvero condivisa su quanto accaduto nell'estate del 1944: una divisione netta tra torturati e torturatori, un'immagine limpida e cristallina di chi erano le vittime e chi i colpevoli.

Era il 2005 quando il partito di Alleanza nazionale, nato dal Movimento sociale italiano e di cui oggi Fratelli d'Italia ha raccolto l'eredità spirituale e politica, chiese di riconoscere agli appartenenti ai diversi eserciti di Salò la qualifica di cobelligeranti, che avrebbe messo sostanzialmente sullo stesso piano repubblichini e partigiani, assassini e innocenti. Diciassette anni dopo, nel settembre del 2022, alle elezioni politiche Fratelli d'Italia avrebbe vinto a larga maggioranza sostanzialmente in tutti i Comuni toccati dalle stragi nazifasciste, da Sant'Anna di Stazzema a San Terenzo Monti.

Ancora oggi qualcuno cerca di assimilare i fatti del 1944 a una guerra civile, in cui dare pari dignità all'opera di resistenti e repubblichini. Ma quanto fecero – con consapevolezza, lucidità, premeditazione, odio, ferocia – le Brigate nere nelle stragi del 1944 non fu guerra civile. Fu criminalità organizzata, fu barbarie, fu imperdonabile orrore.

Ed è qui, è esattamente in questo punto cruciale e delicatissimo, l'equivoco irrisolto, la ferita mai rimarginata, la fatica nel tramandare una memoria in cui gli argini siano chiari e ricomposti, in cui non vi sia spazio per rivisitazioni e revisionismi, per interpretazioni relativistiche che finiscono col trasformarsi nel peggiore dei qualunquismi: quello che negando o banalizzando la verità distrugge la storia.

7

Palmira alzò gli occhi di scatto, socchiudendo le palpebre nella luce troppo forte del primo pomeriggio: don Michele Rabino le stava davanti nell'orto pieno di sole, accanto al grande albero di fico che lambiva coi rami pesanti la strada carrabile. Per poco non ci andava a sbattere contro, a don Michele, perché aveva le mani e gli occhi e la testa occupati dai sacchi di grano, poco grano, che avrebbe dovuto portare a macinare: quella era sera di pane.

«Don Michele!» fece lei con un mezzo salto all'indietro, tutta sbiancata per la sorpresa di trovarsi lì davanti un'anima viva, quasi che la presenza del parroco fosse un brutto presagio piuttosto che una consolazione. I due si scambiarono un breve sguardo allucinato e smarrito, pieno di paura, come di animali che sentano i passi del padrone venuto per portarli al macello.

Il parroco, dritto e magro, con la tonaca sporca di terra ben sopra gli orli, le maniche scucite e impolverate, la fissava con la faccia stravolta, bianca bianca ma chiazzata di sudore rosso per il caldo, nell'aria arida e senza vento. Fissava Palmira e poi guardava i cadaveri sul greto del torrente, a pochi metri da loro, il sudore gli bagnava la fronte in gocce grandi e regolari, che scendevano verso le sopracciglia, il naso, il mento. «Stavo venendo quaggiù a Bardine, stamani, e poi ho visto tutto quell'inferno.»

«Sì... sì...» Palmira sentiva che le si riempivano gli occhi di lacrime e fece uno sforzo tremendo per ricacciarsele indietro. Respirò. Anche lei aveva lo sguardo fisso sui cadaveri del greto.

«Mi sono buttato su, tra le piane dei Terenzoni, pregando che finisse» aggiunse lui indicando con la mano un punto imprecisato della collina alle loro spalle.

«Che sciagura» di nuovo la voce le tremava, come se anch'essa si fosse riempita di lacrime.

«Sono ancora tutti là i tedeschi?» e guardava il greto del Bardine.

«Sono tutti morti, don Michele.»

«Quanti sono?»

«Non lo so... dicevano venti, forse di più, ma non lo so.»

«Bisogna che scappiate, in fretta, non c'è tempo da perdere. Dov'è Angelo?»

«È già andato, è nelle grotte giù al fiume.»

«Bene. E tu? Dove andrai?»

«Io resto, don Michele, le donne non le toccano, le donne vecchie come me. E poi mi hanno detto che sono in ritirata, i tedeschi, dopo quello che è successo stamani. Mi hanno detto così.»

«Ma chi te lo ha detto?»

«La Stella, su dai Vangeli. Dice che ne è sicura, che lo ha saputo dal figlio dei Carlini, che è partigiano. Lui dice che sono in ritirata.»

«Ma hai saputo cos'hanno fatto i tedeschi a Canova qualche giorno fa?»

Palmira scuoteva la testa, don Rabino continuava a guardarla fisso negli occhi.

«I soldati tra poco ritornano a prendersi i morti, non li lasciano certo qui, e se ti trovano è un guaio, Palmira, avete proprio la casa sopra... sopra il campo di battaglia. Bisogna che non ti trovino, lo capisci vero?»

E lei non diceva niente, scuoteva la testa con le mani tremanti. Don Michele intuì il suo pensiero e vedendo che le mancavano le parole, parlò lui al posto suo: «Delle bestie, della casa, dell'orto, non ti devi preoccupare. Devi pensare a Ivo, ad Angelo, devi pensare ai tuoi figli e ai tuoi nipoti. Devi metterti al sicuro».

Palmira faceva di sì con la testa, ma continuava a restare immobile. «E voi, don Michele?»

«Io torno a San Terenzo, bisogna avvertire il paese, bisogna organizzarsi alla svelta e che ve ne andiate tutti, perché è troppo rischioso restare qui, non si può rischiare.»

Lui non la guardava più. Parlava deciso ma si capiva – Palmira lo sentiva – che aveva paura. Vide le labbra di don Michele Rabino muoversi velocemente in una benedizione a mezza voce, non sentì bene le parole perché aveva ancora le orecchie guastate dagli spari e dalle bombe, ma intuì la preghiera e anche lei mormorò, infine, un «amen» senza convinzione.

«Don Michele» provò a continuare, ma il prete le aveva stretto una mano sul braccio, con il viso già voltato di tre quarti verso il torrente. Palmira lo vide che si allontanava col suo passo veloce e un po' goffo per via della lunga sottana nera, prendendo la curva in fondo alla strada, fino al torrente. Lo vide fermarsi di fronte a quei morti, mentre la corrente del fiume trascinava via il sangue.

Nonna Iolanda ricordava bene don Michele Rabino. Era arrivato a San Terenzo dal Piemonte, all'inizio degli anni Trenta, quando lei era ancora una ragazza e viveva nella casa dei genitori con tutti i fratelli. Don Michele aveva cresimato il suo fratello più piccolo, Ivo, e aveva sposato lei. Aveva portato in braccio la prima delle sue figlie, Angela, e sotterrato la sua nonna paterna, Cesarina. Era un uomo schivo e gentile, dall'intelligenza pratica e veloce di chi, oltre alle anime e alla dottrina, sapeva pesare con disincanto e senza ipocrisia anche le cose del mondo. Dopo l'8 settembre la gente era a lui che faceva riferimento, che chiedeva consiglio non più solo sulla vita e sulla morte, sull'amore e sulle disgrazie e sulla fede, ma anche sulla quotidianità difficile e accidentata di quel paese rimasto senza guida, come tutti gli altri, mangiato dalla miseria della storia e della guerra. Da luglio, mentre le guarnigioni tedesche stringevano d'assedio la valle stanziandosi in comandi feroci a Fosdinovo e a Ceserano, era lui che cercava di mediare tra le richieste pressanti delle SS e l'insofferenza e il terrore dei paesani. Era lui che faceva ragionare i più ribelli e consolava i più spaventati, che ricuciva quell'equilibrio impossibile tra occupanti e occupati, tra padroni e schiavi, tra carnefici e vittime. Chi non sapeva era a lui che chiedeva. E lui rispondeva meglio che poteva, con quei pochi mezzi e quel sano giudizio che mischiavano insieme buon senso e imprevisto, prudenza e ragionevolezza.

All'inizio di agosto erano tanti a dirgli: «Don Michele, non ne possiamo più, i tedeschi ci portano via tutto». E lui, prima che qualcuno perdesse la testa e si facesse venire strane idee, come era già successo in qualche paese lì intorno con conseguenze tremende, si era attrezzato così: era andato a casa di Gastone Novelli, che faceva il muratore e da giovane era stato in Germania a lavorare, dunque parlava un po' di tedesco. Si era preso Gastone, quell'uomo robusto e dalla nuca tutta bianca di forza e di saggezza, e insieme a lui era andato al comando di Fosdinovo: «Parlate con me» aveva detto ai tedeschi con Gastone che traduceva, «se avete bisogno di cibo coi paesani ci penso io, ma voi venite prima da me». Così le SS avevano iniziato a portare a don Rabino, quasi ogni giorno, la lista delle cose che volevano. E lui provava a mediare coi suoi parrocchiani: oggi una capra di qua, dei conigli di là, delle mucche da un altro, per dividere le pene di ciascuno col minor danno per tutti, cercando di sopravvivere il più a lungo possibile a quell'estate estenuante e spaventosa. Era così rispettato, don Rabino, coi suoi sessant'anni portati nella fatica di giornate dure per tutti, che nessuno osava pensare male, nessuno osava mettere in discussione – almeno a viso aperto – le sue scelte, i suoi pesi e le sue misure. «L'ha detto don Rabino» dicevano i paesani, e tanto bastava per tutti.

La mattina del 17 agosto, quando gli uomini della 16ª Divisione Reichsführer-SS entrarono a San Terenzo, poco dopo l'alba, fu don Rabino a indicare loro la strada per Bardine. I tedeschi lo trovarono a colpo sicuro nel cortile accanto alla canonica, dentro il piccolo ricovero che usava per tenere i conigli, proprio di fronte alla chiesa: «Prete» gli dissero entrando, con le pistole mitragliatrici in spalla, le mimetiche e gli elmetti. «Prete, che ci dai oggi?» Don Michele aveva appena finito di sistemare la paglia e aveva chiuso le gabbie. Alzandosi e guardandoli nella penombra del ricovero angusto, di legno vecchio e scuro, aveva fatto cenno ai soldati di uscire e aveva impartito come poteva, un po' a gesti un po' a voce, le indicazioni per la casa di Bardine, la famiglia di pastori che avrebbe dovuto sacrificare quel giorno le sue bestie. Era andato da loro la sera prima, spiegando perché non si poteva fare altrimenti – «Non ci sono alternative» aveva detto, «bisogna fare un po' per uno» –, ed erano stati minuti drammatici, penosi, con le donne della famiglia, le due sorelle e la madre, che continuavano a dire: «Non è giusto, non è giusto, non è giusto». E il prete: «Ma prima o poi tocca a tutti, è già toccato a tanti e prima o poi tocca a tutti, o facciamo così o non abbiamo scampo, non abbiamo scelta». E loro, di rimando: «Ma tanto vale farsi ammazzare, che noi senza le bestie crepiamo lo stesso».

Il padre e il marito di quelle tre donne, che non era anziano ma stava curvo, le ossa e le giunture nodose sotto i vestiti, aveva tirato un pugno sul tavolo: «Don Michele, noi andiamo dai carrarini» come chiamavano i partigiani, perché venivano praticamente tutti da Carrara, «andiamo dai carrarini e chiediamo che ci pensino loro». Il prete a quel punto si era messo in piedi – era rimasto seduto al tavolo della cucina fino ad allora – e aveva alzato la voce: «Che cosa volete che facciano? Che ammazzino i tedeschi per questo? Lo sapete che conseguenze ci sono, sì? Non fate sciocchezze, non fate sciocchezze, andiamo. Vi daremo una mano in qualche modo, andiamo». E poi si era fatto promettere da tutta la famiglia che si sarebbero fidati di lui, che avrebbero lasciato i partigiani fuori da quella storia. E aveva visto le tre donne e l'uomo annuire, controvoglia forse, ma avevano annuito, e insieme avevano recitato una preghiera, un *Salve Regina*, e poi don Rabino, prima di andarsene, li aveva guardati tutti, uno per uno, ben dritto negli occhi, e aveva detto: «Non vi lasceremo soli».

«Prete, che ci dai oggi?» Don Rabino aveva appena voltato la testa verso le due SS. Li aspettava. Senza dire nulla aveva finito di sistemare la paglia nei ricoveri dei conigli e aveva chiuso le piccole gabbie, sussurrando poche parole incomprensibili a quegli animali che lo guardavano coi grandi occhi ansimanti e attoniti. Poi, facendo leva con un braccio sul ginocchio piegato, si era alzato lentamente in piedi e aveva sistemato sugli avambracci le maniche della tonaca che teneva arrotolate. «Usciamo» aveva detto con un sospiro alle due SS dentro il piccolo ricovero davanti alla chiesa, con l'ingresso così basso e stretto che i soldati per entrare avevano dovuto incurvare le spalle e chinare la testa. Fuori, al sole, in quella mattina del 17 agosto, don Michele Rabino aveva visto la camionetta e una ventina di uomini, con le loro *Maschinenpistolen* appese alla spalla destra, il manico allungato ben saldo dentro il pugno. Stavano lungo la strada che fiancheggiava la canonica, lo guardavano seri e muti. «Allora, prete.» E lui aveva spiegato dove andare, come fare, chi cercare: «Giù, a Bardine, dove il torrente fa un'ansa stretta, sulla strada che poi vi riporta a Fosdinovo». Ma era nervoso, più nervoso del solito, parlava di malavoglia. «Vieni con noi, prete?» gli chiese l'ufficiale, socchiudendo a spillo gli occhi, con la faccia in ombra sotto l'elmetto mimetico, e poi, mentre don Rabino non rispondeva: «Vieni con noi, ti diamo un passaggio». Al prete sembrò che nella voce del giovane ufficiale ci fosse perfino una nota gentile. Prese tempo:

«Non posso, devo prima fare delle cose qui, cose importanti, qui in chiesa» diceva nel suo italiano più freddo e asciutto, e non sapeva quanto quei soldati riuscissero a capire.

«Non vieni allora?» L'ufficiale era sorpreso e spazientito. Teneva stretta la *Maschinenpistole* e lo fissava interrogativo, sospettoso, contro la luce chiara e metallica del primo mattino. Il prete sentì che la spina dorsale gli tremava appena, vide l'ufficiale che si chinava verso un suo commilitone e gli sussurrava qualche parola in tedesco. I due scoppiarono a ridere, lo fissarono agitando in quella risata le loro armi.

«Dopo, dopo. Vengo dopo, devo finire qui» aggiunse don Rabino a quel punto: parlava sempre più a fatica, e indicava un po' la chiesa un po' il ricovero, a caso.

L'ufficiale alzò le spalle: «Va bene prete, tu vieni dopo, allora. Tu vieni come ti pare».

Aveva visto la camionetta piena di soldati riprendere la strada accanto alla chiesa, tornare giù attraverso la doppia fila di case su cui si affacciavano l'emporio e l'alimentari di Mario Oligeri e poi svoltare a sinistra sulla provinciale, verso Bardine. Don Rabino guardò il vecchio orologio da polso, lo stesso da quarant'anni, quello che gli aveva regalato suo padre il giorno in cui l'avevano ordinato sacerdote: erano da poco passate le sette. Attraversò la piccola piazza di pietra grigia ed entrò in chiesa, nel buio fresco e odoroso di incenso e di cera consumata. Si sentiva esausto, le ginocchia gli facevano male, percepiva le giunture tra le cosce e i polpacci che gli tremavano appena. Respirò quell'incenso, quella cera spenta, respirò anche il fresco della chiesa buia per farselo entrare tutto dentro i polmoni: aveva bisogno di aria e fuori l'aria era già diventata irrespirabile. Si inginocchiò, si fece il segno della croce, unì le mani e ci mise la fronte in mezzo, senza pregare e senza pensare, la fronte bollente tra le sue mani fredde e umide. Doveva solo chiudere gli occhi, chiudere un momento gli occhi.

L'ufficiale stava disteso su una grossa pietra bianca. L'acqua del torrente, che in quel punto si incuneava tra due file strette di rocce e creava una sorta di ansa placida, si muoveva lentamente sui suoi capelli chiari che galleggiavano in filamenti sottilissimi nella corrente completamente rossa. Don Rabino riconobbe il suo profilo, gli occhi immobili e azzurri guardavano un punto imprecisato del pendio che sovrastava il greto del fiume, la bocca, aperta e muta, aveva le labbra bluastre.

Il prete si avvicinò a fatica, passando accanto ad altri corpi martoriati dai proiettili, feriti a morte dalle schegge esplose dalle bombe. Saltò in equilibrio fra due pietre del greto, proprio accanto al corpo dell'ufficiale, gli si fece sopra. Si chinò, scacciò le mosche, gli chiuse gli occhi con le dita, fermò un attimo le dita sopra quegli occhi freddi e poi sulla fronte umida dell'acqua del Bardine. Mormorò una preghiera a labbra strette, mentre le cicale stridevano nel loro coro mai esausto che riempiva l'aria intorno.

«Don Michele, don Michele.» Una voce, dall'alto del pendio, una voce giovane e chiara, lo stava chiamando. Il prete, ancora chino sopra l'ufficiale, alzò gli occhi verso il sole, si fece schermo col dorso della mano sulla fronte per riuscire a vedere più lontano. «Siamo qui, don Michele.» E lui vide, in una piana di ulivi alla sua destra, poco più in alto dal punto in cui il torrente si piegava verso il monte, tre donne accucciate strette nell'erba.

«Venite, don Michele. Venite anche voi, per favore.» Il prete si alzò con le gambe in equilibrio malfermo sulle rocce: si sorreggeva con il palmo della mano il fianco destro, un poco dolorante per un nervo che gli si infiammava. Guardò meglio: era la Silvana a chiamarlo. Silvana, che non aveva ancora diciassette anni, le spalle robuste, bruna di occhi e di capelli. «Venite, don Michele.» Aveva la voce un poco tremante, in un falsetto sforzato, come di chi urlando cerchi in realtà di non farsi sentire. Avvicinandosi alle tre donne, don Rabino capì che non erano sole. C'era, ai loro piedi, un uomo. Una SS tedesca. Aveva la mimetica zuppa di sangue e sudore, dalla cintola in giù, zuppa di sudore dalla testa alla vita, sudore e terra bagnata che gli intrideva i capelli e le sopracciglia e gli occhi, gli zigomi, gli angoli esausti della bocca riarsa. Una gamba, la sinistra, era completamente maciullata da una raffica di proiettili, sembrava che gli si dovesse staccare dal corpo, e don Rabino si chiese come avesse potuto, con una gamba ridotta a quel modo, risalire di tanto la collina, sopra il greto.

«Don Michele, lo abbiamo trovato qui, eravamo scese a vedere cosa fosse accaduto, dopo tutti gli spari di questa mattina, e lo abbiamo trovato qui.» Le tre donne fissavano un po' il prete e un po' il soldato, con gli sguardi pieni di eccitazione e di paura, volevano che trovasse una soluzione, o desse almeno la benedizione alla soluzione che loro avevano già trovato.

Gli occhi del soldato che fino a quel momento erano stati chiusi, sigillati sotto il sole che gli scendeva addosso macchiato dalle ombre degli ulivi, si aprirono appena su quelli di don Rabino: non li aveva chiari come l'ufficiale ma color dei tronchi d'ulivo, pensò il prete, marroni, quasi grigi, con dei riflessi argentati sotto i raggi. «*Hilfe, hilfe*, aiuto.» La voce gli usciva in un filo, era un respiro più che una voce, e il prete si chiese quanti respiri mancassero a quell'uomo, quanti ancora ne avesse a disposizione, ridotto a quel modo. Si accorse, guardando l'erba sotto la gamba, che il sangue era uscito così abbondante da formare una pozza.

«E noi che facciamo, don Michele?» Parlava Silvana, con lei c'erano le due vecchie compagne di gioco che ormai erano donne, anche loro: Emma e Ines.

«E che volete fare? È un uomo ferito, si fa che si aiuta.» Le ragazze si lanciarono uno sguardo d'intesa, uno sguardo di sollievo che sembrava potesse tramutarsi in un sorriso, ma restarono serie. Poi Emma disse fissando il prete: «Abbiamo già la barella, don Michele, ne ha una mio padre nella rimessa del campo, era rimasta a lui dopo la storia della Teresina, prendiamo quella lì».

«Sì» fece don Michele, e poi: «Silvana hai uno straccio, hai qualcosa?», lei gli porse un largo fazzoletto che si teneva arrotolato tra i bottoni della camicia, sul petto. «Questo qua» disse tirandolo fuori, e lo diede al prete che iniziò a fasciare la gamba del soldato nel punto in cui, gli sembrava, perdeva più sangue. «Aiutami», si rivolse a Silvana con un cenno della testa, anche Ines si chinò e gli si fece intorno, e mentre le due donne alzavano la gamba del soldato, reprimendo un lieve disgusto per quell'odore dolce e insieme acre di sangue e sudore, il prete tendeva il fazzoletto intorno alla circonferenza tumefatta della coscia, o di quel che ne restava. Il soldato cacciava dei lamenti sommessi, un rantolo che partiva dallo stomaco e prendeva il suono di un uccello ferito, o almeno così sembrava a Silvana, che si ricordava di una merla ferita nel piccolo orto davanti alla sua casa, con l'ala che si incrinava rotta a metà e quello sguardo e quel lamento che le usciva insieme dal becco e dagli occhi neri. Quella volta il padre le disse: «Non ci si può fare niente, Silvana, tanto vale spezzarle il collo che così soffre di meno».

«Così, don Rabino? Così va bene?» chiedeva adesso Ines.

«Sì, va bene» ma il prete era poco convinto. Il soldato continuava a rantolare. Dalla strada arrivò Emma, si trascinava dietro come poteva, ansimando per la fatica, una pesante barella di metallo, con una tela spessa e bianca e tutta macchiata ben tesa sul telaio a cui erano agganciate delle rotelle.

«Adesso va messo su.» Le tre donne e il prete iniziarono a muoversi in modo un po' scomposto intorno al soldato, nessuno di loro sapeva bene come fare, nessuno sapeva come si fa a mettere un uomo ferito, con una gamba praticamente staccata dal corpo, in cima a una barella. L'uomo continuava il suo lamento, a Silvana pareva che a un certo punto piangesse, perché delle gocce grosse gli si staccavano dalle ciglia e finivano nella bocca. Ma un soldato non può piangere, si diceva, e lo guardava quasi con tenerezza, adesso, e le sembrava perfino bello, con quegli occhi come i tronchi degli ulivi.

Il soldato di colpo sollevò la mano destra: pareva che non avesse neppure un grammo di vita in quelle vene scure, e invece alzò il braccio e la mano destra con uno scatto che fece spaventare le tre donne, e anche il prete, che per quello spavento quasi quasi lo fecero ricadere a terra, allora sì che sarebbe morto per davvero. Il soldato afferrò la camicia di Silvana, la più vicina di tutti: «Voi salvi... Voi salvi...».

Silvana fu scossa da un tremito: «Non capisco cosa dici».

«Se aiutate, voi salvi» rantolava col suo filo esausto di voce. «*Kommandantur*... se mi portate... a *Kommandantur*, voi salvi.» Le tre donne si guardarono, Silvana guardò le amiche, poi tutte insieme guardarono don Rabino, un unico sguardo lungo e muto. Nessuno disse nulla, nessuno aggiunse neppure una parola.

Quando il corpo fu tutto sopra la barella, le donne la sollevarono con attenzione, due davanti e una dietro: erano forti, coi muscoli allenati dal lavoro nei campi, le loro braccia tremavano appena ma stavano ben salde, i pugni stretti intorno ai manici del telaio metallico.

«Allora lo portiamo a Fosdinovo, don Rabino.»

«Fate attenzione.»

«Sì, certo che facciamo attenzione.»

«Passate lungo il fiume che è più sicuro.» E mentre si allontanavano, don Michele vide che la tela bianca della barella, proprio sotto il bacino del soldato, aveva iniziato a gocciolare sangue.

8

«Arrivano, eccoli, arrivano.» Palmira si asciugò la fronte con l'avambraccio nudo, le mani piene di farina e di impasto molle e unto d'acqua e olio che le era rimasto incollato tra le nocche. «Diomio, eccoli.»

Prese lo strofinaccio di tela accanto al piano di lavoro, ci passò le mani sopra, velocemente, poi le ripassò ancora una volta sulla pancia coperta dal grembiule. Roteava gli occhi nell'aria ferma, le ombre del pomeriggio disegnavano i profili oblunghi dell'erba alta e delle piante sulla terra di fronte a lei, facendo assomigliare quell'erba e quelle piante a sagome umane. Sapeva cosa fare, sapeva dove andare, ma la paura, adesso, le annebbiava la mente, le rallentava i movimenti. Nella casa, in fondo alla cucina, sotto la branda che usavano all'occorrenza come letto, c'erano quelle due assi di legno mobili, sotto le assi un'intercapedine tra il suolo e il pavimento larga meno di una tomba. Se i tedeschi fossero davvero arrivati, era lì che doveva andare, era il posto più sicuro che conosceva.

Quella era sera di pane. Palmira, pochi minuti prima, aveva messo la farina macinata giù al mulino sul piano di lavoro, l'acqua, il sale, l'olio, la pasta madre per il lievito. D'estate si impastava all'aperto, perché il forno era fuori, nell'orto, e perché l'aria della sera rendeva meno faticoso il lavoro di gomiti e mani. Palmira era sola, nella casa sopra il Bardine, gli uomini si erano nascosti nelle grotte che si aprivano sulla collina di castagni alle pendici del torrente.

«Vai tu, Angelo, vai tu con Ivo.» Non era la prima volta che capitava. E sempre si era fatto così, perché «le donne, i tedeschi, non le toccano. Le donne e i bambini». Dunque era rimasta sola nella casa, sentendosi un poco in colpa per via di quella promessa muta che aveva fatto al prete – la promessa di andare via, di andarsene anche lei – e aveva fatto semplicemente quello che andava fatto, quello che faceva ogni giorno. Quella era sera di pane, giovedì sera, così aveva iniziato a lavorare la pasta sulla tavola di marmo e legno che stava sotto la tettoia coperta dal pergolato di vite, davanti alla porta della cucina. Lavorava la pasta con le due mani forti e grandi, e guardava in basso, il torrente, guardava la mano semiaperta del soldato sulla roccia bianca.

Il ronzio delle camionette le arrivò alle spalle, dall'alto della strada che scendeva da San Terenzo. «Eccoli, diomio, eccoli.» Corse dentro casa con le mani ancora sporche, chiuse bene la porta, si appiattì contro il muro della cucina come qualche ora prima aveva fatto insieme ad Angelo. Ma adesso era sola. Le camionette sfiorarono la casa nella parte che dava proprio sulla strada, facendo tremare appena il pavimento sotto di lei. Guardando attraverso le imposte della finestra, con la fessura che creava una schiusa tra il legno e il vetro, vide due camionette di soldati costeggiare la curva della strada e poi prendere la direzione che fiancheggiava il torrente, fino al punto in cui quello si piegava in una curva sotto il pendio di viti, il punto in cui giacevano tutti quei morti. Il punto della battaglia.

Non poteva vedere, Palmira, che cosa facessero, la vista le restava coperta dai rami del grosso albero di noce nell'orto. Ma sentiva: sentiva imprecazioni e urla e quelli che sembravano ordini, e poi sentì, di nuovo, una raffica squarciare l'aria, una raffica nel nulla. Prese dalla tasca del grembiule il rosario di legno che portava sempre con sé, lo strinse tra le dita per farsi coraggio, pensò che doveva pregare e provò a mormorare, con il pensiero, oh Dio, vieni a salvarmi, gloria Patri, ma le parole le restavano imprigionate nella testa, imprigionate dai pensieri che non davano tregua. Oh Dio... Oh Dio...

Di nuovo gli ordini, di nuovo quelle voci rauche, di nuovo le sue preghiere, vieni a salvarmi. Pensava al pane, sotto il pergolato, alla pasta ancora unta e molle, e pensò che non era un bene averla lasciata fuori, che poteva essere una traccia, un invito, un segnale della sua presenza, dentro la casa. Vide davanti agli occhi, come se fosse una cosa viva, il senso esatto di quello che stava succedendo e che poteva succedere, e pensò a don Rabino. «Devi scappare Palmira, devi nasconderti anche tu.» Perché non lo aveva ascoltato?

Un ordine, ancora un ordine, una voce alta e rauca nella sera silenziosa, e poi sentì il rumore delle camionette che ripartivano. Gloria Patri et Filio et Spiritui Sancto. Palmira sentì le camionette che tornavano indietro e di nuovo si avvicinavano alla casa. Si fermarono. Sicut erat in principio, et nunc et semper... Oh Dio... Oh Dio..

Il motore si spense, proprio davanti alla casa. La mia bisnonna stringeva il rosario nel grembo, appiattita contro il muro, gli occhi fissi sulla vecchia crepa nel pavimento di cemento che tagliava a metà la cucina e da cui usciva ed entrava una lunga fila di formiche nere con la coda rossa. Il rifugio, pensò, il rifugio sotto le assi di legno. Ma non voleva muoversi, non voleva fare rumore, e come guidata da un istinto che non aveva mai sentito prima così forte si annullò, nella penombra e nel silenzio della cucina, stringendosi accovacciata contro il muro bianco. Era così piccola in fondo a quell'angolo, come quando da bambina si nascondeva sotto il tavolo della cucina e diceva: «Se mi concentro divento invisibile e non mi troveranno mai più». Era così piccola.

Le parole, quelle voci rauche e incomprensibili, le arrivavano ora talmente vicine che le parve d'un tratto che i tedeschi fossero già entrati dentro casa, fossero già di fronte a lei con i fucili, l'elmetto, il teschio sopra l'elmetto, la mimetica, il pugnale dentro gli stivali, la collana di proiettili. Aprì gli occhi in uno sforzo tremendo: vide che era sola. Le voci restavano fuori. Tornò un attimo, ancora, di assoluto silenzio, poi Palmira sentì una raffica sorda e metallica di mitragliatrice sventrare l'aria intorno a lei, vide le schegge penetrare dal muro e dalla porta e fiotti di polvere illuminata dalla luce entrare insieme a quei colpi dentro la casa.

Il rosario le cadde, si coprì la testa con entrambe le mani, chinò il capo quasi fino a sfiorare le ginocchia premute contro il petto. Voleva piangere, con tutta sé stessa, ma neppure una lacrima le bagnò gli occhi.

Arrivano, entrano. Arrivano.

La camionetta rimise in moto, Palmira sentì il boato del motore farsi lentamente ronzio mentre si allontanava oltre la curva, verso San Terenzo.

Quando infine riuscì a riaprire gli occhi, vide solo il rosario di legno, sul pavimento.

«Maria, Maria. Vieni in casa subito. Maria.»

C'era un ruscello che scorreva ripido accanto alla casa dei Vangeli, un ruscello stretto lungo il pendio coperto dalla terra, dai sassi e dal muschio. Si allargava appena nella curva che costeggiava la casa e creava una pozza dove la corrente si addolciva fino quasi a fermarsi. La pozza in estate era piena di girini e Maria Vangeli aveva questa abitudine, fin da quando era molto piccola, di mettersi accovacciata lì vicino a guardare quei girini neri muoversi con scatti imprevedibili: erano tanti, tanti al punto che l'acqua stessa pareva viva. Maria non li catturava come facevano i suoi compagni, anzi, se vedeva qualcuno di loro accanto alla pozza gli andava incontro alzando i pugni, con le gambe lunghe e magre e i piedi sempre nudi nella terra e nell'erba. Lei i girini stava semplicemente a guardarli, come se avesse da tirarne fuori un segreto, fino a che sua madre non la richiamava dalla terrazza di casa. «Maria Maria Maria.» L'urlo di sua madre, quella volta, era stato diverso.

Maria si girò di scatto a guardarla, la vide paonazza che agitava le mani, la voce le usciva stridula e soffocata insieme, una voce che non le aveva mai sentito. La mamma e il babbo stavano l'una accanto all'altro: come ogni giovedì impastavano il pane sulla terrazza. A Maria piaceva l'odore del pane quando usciva dal forno dolce di farina cotta, e anche prima, pungente e un po' acidulo di lievito e olio, in quella pasta gommosa che se ci mettevi dentro un dito sembrava che sprofondasse. La mamma dalla terrazza agitava le braccia, il padre invece si era fatto un poco più indietro: Maria lo vide arretrare leggermente, mentre alzava anche lui le mani sporche di pasta e farina. Erano anziani, tutti e due: l'avevano avuta tardi, quando nessuno pensava che Stella Bonatti e Giuseppe Vangeli avrebbero ancora potuto avere un bambino. Lei portava i capelli stretti dietro la nuca, fasciati in un fazzoletto nero, e aveva le rughe intorno agli occhi, a Maria piaceva contarle da quando aveva iniziato ad andare a scuola e le avevano insegnato a contare. «Una, due, tre, quattro, cinque rughe», come se fosse una filastrocca.

La bambina girò la testa verso la strada, dal punto basso in cui si trovava lei sembrava ancora deserta. Ma un rumore, il ronzio sordo di un motore, le entrava più forte nelle orecchie mano a mano che i secondi passavano.

«Maria, Maria, vieni in casa, Maria.»

Vide la prima camionetta di SS spuntare dal fondo della strada, ne vide il muso sfiorare l'inizio della curva, poi guardò sua madre sulla terrazza e pensò che non sarebbe mai riuscita ad arrivare a casa in tempo. Allora, senza più pensare, fece quello che faceva sempre quando si voleva nascondere da qualcuno o da qualcosa, nei suoi giochi di bambina: si infilò dentro la pozza, in mezzo a tutti i girini che adesso le stavano intorno e si muovevano contro la sua pelle, le facevano il solletico sulle spalle, sotto le ascelle, sulle ginocchia. Maria si strinse tutta nell'acqua della pozza. Vide la camionetta arrivare lungo la strada, piena di soldati con le tute mimetiche, l'elmetto, i lunghi fucili stretti contro la spalla, e poi vide una seconda camionetta, subito dietro, dove invece c'erano dei corpi, vestiti allo stesso modo, ma stesi sopra il cassone, uno accanto all'altro, uno sopra l'altro, vedeva gli stivali spuntare dal cassone.

La prima camionetta staccava la seconda di quasi cento metri, passò davanti alla casa. La superò e si fermò. Maria vide che anche la seconda camionetta si era fermata, qualche metro più indietro. E allora successe una cosa strana, una cosa che la bambina non poteva prevedere: la prima camionetta iniziò a scendere lentamente, all'indietro, con il motore sempre spento, sospinta dal pendio della strada che si mangiava al contrario le ruote. Si fermò ancora, questa volta proprio di fronte alla casa, alla terrazza del suo babbo e della sua mamma. Maria adesso contava i girini. Uno, due, tre, quattro, cinque, sei.

C'era un soldato sul cassone della camionetta, portava a tracolla la pistola, che poi era più simile a un fucile perché era lunga e stretta, e Maria vide che il soldato la prendeva e la metteva dritta davanti a sé, con il calcio appoggiato alla spalla.

La raffica di colpi le superò la testa, oltre la pozza, e Maria strizzò gli occhi per un attimo. Quando li riaprì, vide la sua mamma e il suo babbo cadere piegando il corpo in avanti, e una nuvola di farina alzarsi nell'aria: la mamma cadde con la faccia sul tavolo del pane, il babbo si afflosciò tutto sulla ringhiera della terrazza, con le braccia che pendevano fuori. Nessuno di loro aveva gridato, nessuno aveva parlato, neppure i soldati. Scesero tutti insieme, in silenzio, con gli scarponi pesanti, Maria vide quegli scarponi sfiorare la pozza e passarle accanto alla faccia, poi andare avanti. C'era la stalla con dentro le pecore, a un tratto si fece tutta di fuoco, la bambina non capiva perché ma la vide come se fosse una torcia, poi le arrivò un urlo fortissimo e straziato, l'urlo delle pecore che c'erano dentro, un urlo così lungo e così forte che lei si sentì morire. Una pecora uscì dalla stalla: una sola, aveva una macchia nera sulla fronte e per questo la chiamavano Moretta. Gli occhi rotondi enormi e smarriti. Uscì muta, con le zampe che si disarticolavano nella corsa sotto la sua larga pelliccia bianca e riccia. A quel punto un soldato, che aveva gli scarponi davanti alla pozza di Maria, sparò alla testa della pecora, quella subito cadde a terra senza fare né un grido né un lamento, cadde a terra come chi perde l'equilibrio per una distrazione, in un attimo, con l'affanno del cuore che le si leggeva ancora negli occhi spalancati.

Maria vide che i soldati erano arrivati alla casa, alla terrazza, e avevano preso prima la mamma sotto le braccia e poi il babbo, anche lui sotto le braccia, e poi avevano dato dei calci alla mamma e al babbo, che avevano iniziato a rotolare come fossero due sacchi fino dentro al ruscello.

La bambina guardava l'acqua diventare rossa, poi sentì un'esplosione, fortissima: il boato la fece tremare, perfino l'acqua iniziò a tremare. Maria si coprì le orecchie con le sue piccole mani per mandar via quel rumore. Alzò la testa, vide la casa dentro le fiamme, fiamme rosse e gialle e nere che attraversavano le mura, la porta, le finestre, coprivano la terrazza per intero, mandando bagliori bianchi nella luce opaca della sera. Allora iniziò a piangere.

La notte era nera, fresca e silenziosa. Le lucciole si alzavano dal muschio e dall'erba alta, un pulviscolo giallo e luminoso intorno alle felci e tra le rocce, sopra la pozza d'acqua quieta. I bagliori delle fiamme, intorno alla casa, arrivavano come macchie luminose sul campo scuro, e le loro intermittenze sospinte dal vento spegnevano per pochi istanti il pulviscolo delle lucciole, inglobandolo tutto in quel bagliore.

«La bambina dov'è?»

«Dentro la casa...»

«Possibile.»

«Maria, Maria.»

«Guarda nel bosco.»

«Maria.»

Le voci le arrivavano lontane, minuscole voci nel buio e tra i bagliori, Maria non riusciva a riconoscerle, sentiva ma non capiva. Non rispondeva. Stava muta e immobile nell'acqua fredda, non sentiva più le gambe e neppure i piedi e pensò: non ho più le gambe e non ho più i piedi, se li sono mangiati i girini, mentre le mani avevano la pelle completamente cotta dall'acqua.

«Maria Maria Maria.» Forse era la mamma a chiamarla così, la mamma la chiamava sempre così. Forse la mamma si era alzata ed era tornata a cercarla, finalmente. «Maria.»

Un'ombra grande e nera la coprì per intero. La bambina sentì due braccia che la prendevano da sotto le ascelle e la sollevavano verso l'alto. Quel suo corpo così leggero senza più i piedi né le gambe mangiati dai girini.

«Diomio, Maria. Eri qui. Maria. Il Signore sia lodato, il Signore sia lodato.»

«Don Michele, è qui, Maria è qui. L'abbiamo trovata. Era dentro la pozza. È qui.»

«Il Signore sia lodato.»

«Maria.»

«E adesso cosa facciamo, don Michele?»

Le mani che l'avevano sollevata stringevano la bambina a un petto largo e caldo, caldissimo pensava Maria, forse è davvero la mamma. Respirò forte, adesso, contro quel petto, mentre qualcuno piangeva. Maria sentiva che qualcuno piangeva dietro di lei, ma non capiva e non vedeva.

«La piccina. Povera bambina.»

«Maria Maria.»

«E adesso cosa facciamo, don Michele?»

«La porto intanto io su con me, la porto su da me, a San Terenzo, alla canonica. Poi vedremo.»

Le voci, i singhiozzi, le parole roteavano intorno alla piccola, lei teneva gli occhi chiusi contro quel petto caldo. Poi sentì due mani che le stringevano i fianchi, sentì quel petto caldo che si allontanava, l'aria fredda: capì allora che era tutta bagnata, tremava.

Quelle mani e quelle braccia nuove la sollevarono e la fecero girare.

«Le gambe, le gambe me le hanno mangiate i girini.»

«Vieni, Maria, andiamo adesso, andiamo.»

«Le gambe...»

Don Michele Rabino procedeva a passo svelto nella notte, tenendosi stretta tra le braccia la bambina e lei, con il mento abbandonato tra la spalla e il collo del prete, vide che i bagliori si allontanavano, restavano solo le lucciole a segnare il cammino lungo la strada.

9

Da piccola volevo che mia sorella mi raccontasse le storie di quando viveva in Perù, le storie dell'orfanotrofio e dei bambini di Cusco. Me le raccontava nella camera che da sempre avevamo condiviso, io l'ascoltavo con la testa appoggiata sul cuscino o sulle sue ginocchia, succhiandomi il pollice.

C'è una leggenda, tra le leggende inca, che mi è sempre sembrata la più crudele, la più vera e la più bella, quella dedicata alla Pachamama, la Madre Terra. Ancora oggi, nelle campagne, la gente del posto non ha smesso di credere nella Pachamama, di offrirle doni e tributarle preghiere. La schiavitù, gli omicidi di massa, le torture, le epidemie, il cristianesimo imposto con la violenza e gli archibugi dai *conquistadores* non sono riusciti a cancellare del tutto la memoria e la tradizione. Le antiche leggende scorrono ancora nelle vene dei nuovi inca, del popolo peruviano, tramandate come il colore degli occhi. Per questo il Perù è un paese cattolico solo sulla carta. O meglio, è un paese in cui il cattolicesimo ha preso una forma tutta sua. Si è plasmato come un guanto alla forma del cielo, così grande sugli altipiani andini in cui è nato il Cusco, la valle sacra dell'antico impero inca, a circa 3500 metri d'altezza: Pachacamac, come lo chiamano là. Il Padre Cielo. I cui confini sono tanto più lontani dai nostri e per vederne il fondo devi socchiudere gli occhi e sforzarli fino a sentirli bruciare, sotto il sole e attraverso il vento che fa vibrare le montagne e le dilata, le fonde alle vallate che sembrano un manto d'oro, uniforme e sterminato, e poi ancora le ricongiunge al cielo. La natura, laggiù, è così dominante che non si può ignorare. La spiritualità non può che essere natura, perché è ovunque, immensa, perfetta. Madre e padre di tutto. Materia e spirito. Corpo e anima, insieme.

Così, nei secoli della dominazione spagnola, Dio è diventato il Padre Cielo e la Vergine Maria è diventata la Pachamama, la Madre Terra. E il Condor che domina le cime delle Ande, il Puma nelle foreste, il Serpente dell'altipiano si sono mischiati allo Spirito Santo, al corpo di Cristo, all'inferno, al purgatorio, al paradiso. Il Condor è il Cielo, il Puma è la Terra, il Serpente è ciò che sta sotto: gli Inferi, l'oscurità. Di tutto questo si trova testimonianza ovunque nell'architettura del Perù moderno. È scolpito sulle colonne delle cattedrali, nei chiostri dei conventi, sugli altari, sulle facciate delle chiese, come ad Arequipa, all'ingresso della Iglesia de la Compañía, la chiesa dei gesuiti. Lì il Condor, il Puma, il Serpente, Pachamama e Pachacamac vivono intagliati nella pietra insieme a san Giuseppe, agli apostoli, ai martiri, alla colomba che porta il ramoscello d'ulivo.

La leggenda racconta che all'inizio del mondo esistevano solo Pachamama, la Terra, e Pachacamac, il Cielo. Non c'erano le stelle, non c'era il sole, non c'era la luna, tutto era oscurità. Pachamama e Pachacamac si unirono e dalla loro unione nacquero Inti e Mama Quilla, due gemelli. Poco dopo la loro nascita, Pachacamac sparì, colpito da un sortilegio, Pachamama restò sola coi suoi due bambini e insieme iniziarono a vagare nel buio in cerca di un riparo. Videro una luce, non era la luce del sole, che ancora non esisteva. Quella luce li condusse a una grotta, dove c'era un mostro che si chiamava Wakon e che stava cucinando un tubero in una pentola. Pachamama chiese aiuto e lui li ospitò. Poi mandò i due gemelli a prendere dell'acqua e, rimasto solo con Pachamama, cercò di violentarla. Lei iniziò a urlare ma nessuno poteva sentirla, scappò ma il mostro la raggiunse, la prese per i capelli, la trascinò di nuovo nella grotta e la colpì con una pietra. Quando Pachamama chiuse gli occhi, la terra si aprì e risucchiò il suo corpo prima di richiudersi per sempre. Tornati alla grotta, dopo molte peripezie Inti e Mama Quilla riuscirono a uccidere Wakon e restarono soli sulla terra nera, credendo che sarebbero rimasti così per sempre. Una notte, Mama Quilla fece un sogno che la lasciò turbata: sognò che il suo cappello prendeva il volo e rimaneva sospeso nell'aria, immobile, altissimo. La mattina dopo, al risveglio, i gemelli videro una corda che scendeva dal cielo fin sulla terra. La cima non potevano distinguerla, restava nascosta oltre le nuvole scure. Decisero di salire: si arrampicarono fino al punto più alto e lassù ritrovarono Pachacamac. Il Padre Cielo, tornato libero dal sortilegio, li abbracciò e li trasformò nel Sole e nella Luna, nominandoli re e regina degli inca. Mentre Pachamama si fuse con la terra: le montagne divennero i suoi seni, i fiumi il suo latte, i campi il suo ventre, a cui il Sole e la Luna danno speranza e nutrimento. In questo modo la vita e la morte, il corpo e lo spirito, la natura e l'umanità non sono distinti. Sono invece prosecuzione gli uni degli altri. Così la madre che muore, diventando terra, si trasforma in altra vita che riesce a rigenerarsi continuamente negli infiniti atomi che compongono l'universo. E ogni cosa è insieme figlio e madre, in un ciclo che non si spezza.

A metà dei lenti tornanti che congiungono San Terenzo alla frazione di Bardine, si apre una lieve salita che porta al cimitero del paese. Il cimitero è sdraiato obliquo su un pendio e risale a piani sfalsati verso un punto più alto che domina l'intera valle.

Roberto Oligeri mi ci portò il pomeriggio in cui andai a trovarlo: risalimmo insieme la strada che dalla fattoria di Valla attraversa il centro del paese, l'antica chiesa, il palazzo dei Malaspina trasformato nei secoli in abitazioni, magazzini e stalle, per ridiscendere poi la provinciale che correndo verso Bardine conduce fino a un minuscolo cimitero di paese, quieto e dolce nel silenzio del bosco che lo stringe intorno, ombreggiando il perimetro bianco di piccole lapidi e semplici cappelle in muratura. Le lapidi, ordinate lungo il pendio, sono così strette e vicine l'una all'altra che era quasi impossibile non camminarci sopra, dovevamo fare attenzione a ogni pietra, a ogni cumulo di terra che nelle tombe più recenti si alzava come una coperta sotto le croci.

«Tu ci pensi spesso?» chiesi a Oligeri.

«A quella storia?»

«Sì.»

«Ci penso sempre.»

Percorrevamo il cimitero con attenzione, io guardavo le lapidi una dopo l'altra.

«Qui» disse Oligeri mostrandomi una semplice cappella di calce «c'è tutta la mia famiglia.» Suo padre Mario, suo zio Roberto – «che aveva studiato, e a lui scrivere piaceva, forse questa passione che ho anch'io me l'ha passata lui» – e poi la prima moglie di suo padre, i cinque figli, Alfonsina, Luigi, Maria, Rita, Romano. La più piccola, Rita, aveva tre anni. Tutti insieme, la prima moglie di suo padre e i cinque figli, uccisi a colpi di mitragliatrice nella strage del 19 agosto 1944, alla fattoria di Valla.

«Tuo padre... lui ne parlava di quella storia?»

«Alle feste, mi ricordo, al patrono, che cade il 15 luglio. E poi sempre il 19 agosto. Venivano tutti questi parenti, anche i parenti da fuori, e lui non poteva fare a meno di parlarne, il discorso finiva ogni volta lì, non c'era alternativa. E alla fine» Oligeri si interruppe un attimo «urlava sempre, urlava con una rabbia... E poi se ne andava via.»

Roberto Oligeri aveva la voce sottile ma ferma, la voce di chi col dolore proprio e altrui ha smesso di combattere, di chi quel dolore se lo porta dentro ma senza più sofferenza. Il dolore puro e giusto che si conserva come una reliquia nella parte più profonda del cuore.

«Tutte le volte che racconto questa storia» disse «penso che per quanto la possa raccontare nel modo più profondo e più vero, il dolore che provo non lo posso condividere. Mio padre urlava perché pensava così di riuscire a farsi capire, a far capire il suo dolore, gli dava quella forma e quella voce sperando di poter essere compreso, di poter dire: ecco, lo vedete adesso, avete visto quanto brucia, quanto è forte il mio dolore? Ma non si può condividere il dolore: è solo tuo, resta un mistero anche per chi ti vuole bene. Si condivide l'amore, quello si può condividere e capire. Ma il dolore no, ognuno ha il suo. Alla fine è questo il punto, il punto è la solitudine: è la certezza che nessuno potrà davvero capire fino in fondo il tuo dolore. Il dolore è solitudine, ed è l'unica cosa sacra al mondo.»

Lo guardavo e lo capivo. Neppure io, che con lui spartivo un pezzo di quella storia, avrei mai potuto condividere il suo dolore. E lui non avrebbe potuto condividere il mio. Così, affannarsi a raccontarlo, a descriverlo, a cacciarlo fuori in urla disperate come faceva suo padre, restava uno sforzo amaro, frustrante e inutile. Ma ottant'anni dopo potevamo invece capirne il senso. Questo potevamo farlo, e potevamo farlo insieme.

«Gli altri dove sono?»

«Lassù.»

Oligeri si voltò verso una doppia scala di cemento, proprio al centro del cimitero. La scala poggiava su una terrazza di marmo: in mezzo c'era un altare, di marmo, e dietro una cappella alta e stretta, bianca. «Tutti gli altri sono lì. Tutti quelli che non avevano una tomba di famiglia.»

Salimmo lentamente le scale, un po' coperte dalle foglie gialle e marroni dei castagni che a ogni passo facevano un rumore lieve e crepitante, simile alla legna che guizza dentro il fuoco, e arrivammo in cima. Appoggiai le dita sulle cesellature bianche della cappella, dell'altare di marmo stretto, lungo e freddo sotto la luce del pomeriggio che arrivava obliqua e mi faceva socchiudere gli occhi. Sentivo distintamente che lì c'era tutto: c'era la memoria perduta e ritrovata, c'erano le lacrime e la rabbia, la rassegnazione, la paura, la giustizia mancata e quella riconquistata, l'impotenza, la vita che si interrompe e che sempre ritorna in un ciclo inarrestabile ed eterno. Le dita trovarono una scritta incisa sul marmo dell'altare, i caratteri grandi e chiari scavati nella pietra: «Un autunno d'agosto».

Aprii la pesante porta di vetro e ferro battuto e in quel momento mi chiesi che cosa avrei potuto trovare, che cosa avrebbero significato per me quei nomi e quei volti, quelle croci e quelle date. Che cosa fosse rimasto, per me, dentro quelle vite interrotte, se avrei potuto capire e sentire quelle morti o se invece fossero irrimediabilmente troppo lontane da me, ormai.

Che cosa si prova di fronte a una bisnonna uccisa e mai conosciuta, se non attraverso le parole degli altri? Una donna di cui non avevo mai sentito la pelle né la voce, né l'odore, una donna con cui non avevo mai condiviso l'affetto, né la speranza, né il dolore. In fondo io non la conosco, mi dicevo, non la conosco. Quali sono i comportamenti giusti, quali sono i sentimenti giusti? Non lo sapevo. Avrei voluto piangere, ma non mi uscivano lacrime. Avrei voluto pregare, sì, ma non avevo parole per le mie preghiere, perché non avevo fede in quelle preghiere.

Entrai nella penombra fredda e bianca della cappella. Vidi i volti nelle foto, lessi i nomi: ordinati per famiglie, stretti l'uno accanto all'altro. Generazioni ricongiunte insieme sotto le lapidi, madri e figli e nonni e nipoti, tutti lì. I Cecchini, Carlo e Dante, e poi Eugenia, Gino, Giulia, Maria che aveva vent'anni, e i fratellini di Clara Cecchini, che si finse morta sotto il corpo di suo papà: Pietrino di sei anni e Rita di tre. I Filippi, con Aristide di quattordici anni e Dina di sedici, e poi Almo e Iside, insieme a Olga Bambini. I Terenzoni: c'erano Leandro di sette anni, Beppina di tredici e Bruna di sedici. C'era Ultimina, che aveva tre anni e Flavio, il più piccolo, che ne aveva solo due, c'erano Emma di ventun anni e Italo, di cinquantuno. Le sorelline Giorgi: Elsa, Giuseppina e Lina, che avevano tredici, dieci e quindici anni, messe insieme ad Antonio e a Irene. I Guelfi, con Maria di dodici anni, Franco, quattordici, Pietro, sessantacinque. I piccoli Moracci: Pier Luigi e Andreina, che avevano due e sei anni. E ancora, Giulio e Angelina Nardi insieme a Virginia Piastra. Gli Orfanotti: Iride, vent'anni, Dario, quarantasette, Pietro, tredici, insieme a Maria Musetti. La famiglia Orlandi: Vienna, che aveva venticinque anni e dicevano fosse la ragazza più bella di San Terenzo, suo papà Lino e Dorina. Le cugine Gerini, Beppina e Dina, diciassette e dodici anni. I fratelli Dolcini: Dina, cinque anni, e Mario, tre, nella tomba insieme alla mamma Pina. E poi, ancora: Maria e Rosa Pasquini, Carla, Giuseppina e Roberta Precetti, insieme a Rina Gianoglio. I Novelli: Sante e Anselma, dietro la lapide accanto a Claudio Carlini. I Piastra: Martino, Giovanni e Giuseppe, con Cesare Ginesi, Rosario Armone e Policarpo Conti. C'erano Stella Bonatti e Giuseppe Vangeli, uccisi a Bardine sulla loro terrazza, mentre facevano il pane. C'era Vittoria Vangeli che aveva ventitré anni, insieme a Genoveffa Carlini che di anni ne aveva sessanta. E poi i Chinca: Angiola che tutti chiamavano Angiolina, la nuora di Palmira, che aveva trentatré anni, Maria che ne aveva trentuno, Olivia di ventisei e Settima di ventidue. Poi c'era Lea Piccioli, la Lea, la mamma della piccola Luisa Chinca che si salvò perché non andò alla fattoria di Valla, la sera del 18 agosto, ma scelse di restare con suo papà e il cugino Alfonsino, e si ricorda ancora che la mamma e il babbo avevano litigato per via di quella scelta. La Lea aveva trentadue anni. C'erano Giovanna e Maria Simonelli, che avevano diciotto e ventun anni. Gli Albertini: Enea, Alfonso, Carlo, Clelia di undici anni, Armando che ne aveva venticinque. I Tonelli: Ersilia, trentadue anni, e Luigi, quattro. Con loro c'erano Anna Giacomini, Iole Pasquini, Zelmira Bonatti. E ancora: Maria Pigoni, Emilia Rossini, Assunta Pucci, Elena Pasquali, Mauro Paradisi che aveva soltanto tre anni. C'erano Dino, Sergio e Alberto Tanca, insieme a Vittoria Taricco. E c'erano Maria e Anna Gianoglio con Francesco Gabrielli e Maria Gargano, Enia Valtriani, Fedora Cresci, Bernardina Bambini, Giorgio e Fabio Morelli, Elsa e Giuseppe Barucci, che erano i proprietari della fattoria di Valla. Don Michele Rabino lo avevano messo al centro, proprio sotto la grande croce di ferro.

La mia bisnonna, Palmira Ambrosini, la trovai nella penultima fila, sulla sinistra: il sorriso calmo e appena accennato nel viso ovale, guardava coi suoi occhi timidi e gentili e quasi sorpresi il marmo di altre lapidi di fronte a lei, con il colletto bianco della camicia ben abbottonato.

E mi venne voglia di salutarla, a quel punto, quasi che l'avessi davvero di fronte, ma mi mancavano le parole, e mi sentivo piena di imbarazzo e di stupore e di colpa, come se avessi da chiederle scusa per averla così a lungo dimenticata, così a lungo ricacciata indietro fra quei ricordi troppo pesanti per portarli con me. Allora abbassando gli occhi le mormorai, semplicemente: «Ciao».

Vidi che qualcuno aveva messo delle rose di carta accanto al lumino perpetuo sotto di lei ed ebbi un pensiero assurdo, in quel momento. Pensai che non avrei voluto lasciarla dentro quella tomba fredda, dietro quella lapide di marmo. Pensai che avrei voluto portarla via con me, e mettere i suoi poveri resti in un vaso di fiori. Pensai che quel che restava del suo corpo avrebbe potuto fondersi con la terra e diventare un fiore, e rinascere e crescere e infine morire per poi rinascere di nuovo. Pensai che in quel fiore ci sarebbero stati anche degli atomi di Palmira e che tutti noi avremmo potuto prenderci cura di quel fiore con lo stesso amore con cui avremmo potuto prenderci cura di lei. Così avremmo ricongiunto la vita e la morte, insieme, come la Pachamama.

E invece Palmira restò nella cappella, dietro la sua lapide bianca. Prima di uscire, mi tolsi dal collo un nastro di corda con appeso un ciondolo che raffigurava il calendario inca, in terracotta. Sopra c'erano il Sole e la Luna, Pachacamac dall'alto e intorno a tutto Pachamama, che avvolgeva ogni cosa in quel cerchio che rappresenta il calendario inca: il loro tempo è circolare, proprio perché non c'è un inizio né una fine. Sono la stessa cosa. Lo avvolsi intorno alla foto della mia bisnonna. Poi chiusi la porta dietro di me.

10

«Mario.»

Lui alzò la testa dal bancone di marmo, arricciando tutta l'ampia fronte e le sopracciglia, e vide la sagoma scura e sottile di sua moglie contro la luce che dal cortile si era fatta spazio nella stanza: lei aveva aperto la porta senza fare rumore, l'aria della sera era entrata dentro in un soffio, insieme alla luce della lanterna appesa all'ingresso.

«Hai saputo?»

«Sì...»

La donna prese ad agitare le mani, facendo strani cerchi nervosi nell'aria. «I Vangeli, la Stella, poverina, e Giuseppe...»

Mario Oligeri socchiuse le palpebre e si passò l'avambraccio destro sopra la testa, mentre la mano era occupata da uno straccio: sembrava esausto. Appoggiò lo straccio sul bancone e tornò a guardare fisso la moglie, sgranando gli occhi asciutti.

«Maria, la piccina... è qui da don Rabino, se l'è presa lui.»

«L'hanno trovata...»

«Nella pozza accanto alla casa, in fondo a quel ruscello che scende giù dalla casa.»

«È una bambina.»

«Ha l'età di Luigi.»

«Cosa le hanno fatto?»

«Non so bene, non lo so.»

«È ferita?»

«No, non so... non parla, praticamente non ha più detto una parola, nemmeno piange.»

«E Giuseppe...»

«Con Stella, li hanno trovati vicini, li hanno buttati nell'acqua... alla Stella, mi hanno detto, era andata via metà della faccia.»

Sua moglie aveva iniziato a piangere, le lacrime le fecero finire a fatica l'ultima frase, inghiottita da un singhiozzo. Mario Oligeri avrebbe voluto abbracciarla, ma era come se si sentisse schiacciato verso il pavimento da una forza che gli nasceva da dentro lo stomaco: i piedi erano diventati macigni, e come i piedi le ginocchia, le cosce, le anche. Sentiva l'inutilità di ogni gesto: quel peso che partiva dallo stomaco rendeva vana perfino la consolazione. Si passò le mani sulle tasche dei pantaloni, una volta, due volte, prima il dorso e poi i palmi, quindi appoggiò i gomiti sul bancone e infilò la testa tra le mani. Aveva bisogno di pensare, di fare ordine tra le parole di sua moglie e le immagini che quelle parole gli facevano esplodere nella testa. I corpi nel ruscello, la casa saccheggiata e incendiata, la stalla in cenere, la bambina dentro la pozza d'acqua.

La moglie lo guardava dalla soglia, il viso nella penombra della luce fioca che rischiarava il cortile interno, tutto di sasso spesso, grigio e fresco. Aveva la faccia piena di lacrime ma non faceva nulla per asciugarle, restava immobile coi lineamenti e le membra rigidi.

Sentirono l'eco di alcune voci dal fondo della strada, attutite e lontane. Italiane o tedesche? Si guardarono, era impossibile capirlo. Sospinta da una specie di istinto, Anna Oligeri allungò di un passo la gamba oltre la porta e se la chiuse alle spalle. La lampada sopra il bancone, troppo fioca per illuminare per intero il volto di suo marito, oscillò producendo ombre tremule sulle sue guance.

Per arrivare dagli Oligeri – l'emporio, l'alimentari, la macelleria, l'osteria – bisognava passare da un'ampia volta di sasso, affacciata sulla strada in lieve pendenza che portava alla chiesa di San Terenzo. In fondo a un corridoio coperto dalla volta, si apriva un cortile quadrato: all'interno, passando da una stretta scala di sasso e ferro battuto, si arrivava alla casa e all'osteria, con un unico grande tavolo rettangolare che dava posto a dodici persone.

«Preparo i figli, bisogna che si vada via» fece lei all'improvviso, con la schiena appoggiata alla pesante porta di legno, le mani strette dietro la schiena, parlando senza prendere fiato e guardandosi l'orlo della gonna e la punta delle scarpe, mentre le lacrime continuavano a uscire senza fare rumore.

«Ma dove?»

«A Valla, dai Cecchini. A Valla è sicuro e si può stare anche coi ragazzi più piccoli.»

«Anna...»

«Mario, qui ci ammazzano tutti, l'ha detto anche don Rabino, ci ammazzano tutti» ora la voce le usciva strozzata.

«Tu lo sai che hanno promesso...»

«Hanno promesso cosa? Ma come fai a fidarti delle promesse di quelli lì? I tuoi figli...»

«C'ero, quando l'hanno detto. Hanno promesso che San Terenzo non la toccano, lo sanno che noi non c'entriamo niente.»

«Con cosa?»

«Con quello che è successo stamani al Bardine, i tedeschi ammazzati...»

«Nemmeno i Vangeli c'entravano niente.»

«Ma loro...»

«E poi chi ce lo assicura?»

«Ascoltami, c'era qui l'ufficiale, sono passati da qui, li ho visti, ero presente. È arrivato il Novelli, quello che parla tedesco, lo sai no? E gli ha spiegato la situazione, ha detto che il paese non c'entra niente, e loro hanno risposto a quel punto che noi possiamo stare tranquilli.»

«Ti fidi dei tedeschi? Diomio...»

«La Silvana... ascoltami adesso. Anna, ascoltami: la Silvana e altre due hanno portato un soldato ferito al comando, oggi pomeriggio, lo hanno salvato, capisci? E anche loro hanno detto che San Terenzo non c'entra, che la gente di qui non c'entra.»

«Tu sei matto, sei matto se ti fidi dei tedeschi. Alla Stella...»

«La Stella ha sbagliato, doveva venirsene via, a Bardine hanno la testa dura. Loro sì che dovevano venirsene via, hanno la casa proprio sopra... sopra il torrente. Con che cervello...» Mario Oligeri aveva alzato appena la voce, fissò la moglie negli occhi, tornando ad aggrottare la fronte e le sopracciglia, mentre la guardava da sotto in su.

«Io vado a Valla, ho deciso. E porto i figli con me.»

A quel punto, lui si risollevò tutto: alzò la testa, si mise dritto e rigido dietro al bancone, davanti alla moglie. Strinse i pugni.

«E dovresti venire anche tu, dovresti... Mario.»

«Io resto.»

«Mario.»

«Resto.» La voce gli si era fatta improvvisamente roca. «C'è la bottega da aprire domani, e la macelleria. E c'è mio fratello, non sta bene, lo sai.»

«Mario.»

«Resto qui, è deciso.»

«Ma...»

«E anche tu, non capisci, hanno promesso che San Terenzo non la toccano, io c'ero, ho sentito. C'era l'ufficiale, ha detto...»

«Non mi interessa cosa ha detto, non mi interessa. A Valla, vanno tutti a Valla, anche la Lea che...»

Mario Oligeri continuava a stringere i pugni. «Non siamo sicuri da nessuna parte, Anna. Ma meglio a casa, insieme, che... che non si sa dove. Perché Valla dovrebbe essere meglio di San Terenzo?»

Sua moglie si asciugò le lacrime con il dorso della mano, gli occhi le bruciavano. «Preparo i bambini.»

«Perché Valla dovrebbe essere più sicura?»

«È fuori dal paese, come ci arrivano lì i tedeschi? La Lea...»

Oligeri sbatté lo straccio sul bancone di marmo, si strofinò la faccia con le mani grandi: gli occhi, il naso, il mento, strizzò tutto il mento con le mani fino a creare una doppia onda di pelle. Sospirò: «Allora...».

«Preparo i bambini.» Anna uscì dalla porta, chiudendola senza fare rumore, come quando era entrata.

Fu una specie di contagio. Si propagò con la forza e la rapidità dell'ultima speranza di fronte alla disperazione, con la promessa di una salvezza.

«La Lea è andata alla fattoria di Valla, e anche la figlia della Luisa.»

«Se c'è andata la Lea, che è una donna intelligente, significa che è una buona idea.»

«Andiamo a Valla.»

«E i bambini?»

«A Valla, i Cecchini hanno detto che c'è posto.»

«Sì, c'è la stalla grande e poi possiamo stare anche fuori.»

«I tedeschi... hai sentito cosa hanno fatto alla Stella e a suo marito?»

«E Maria, la piccina...»

«Torneranno.»

«Don Michele ha detto che non siamo al sicuro.»

«Ma ho sentito che un tedesco prometteva che San Terenzo non la toccano.»

«Non bisogna fidarsi dei tedeschi.»

«Però San Terenzo non c'entra, che c'entra? È a Bardine che è successo tutto.»

«Andiamo a Valla. La fattoria è sicura.»

«Andiamo a Valla.»

Dunque: fu come un contagio. Fin dalla notte del 17 agosto, tutta San Terenzo si preparò all'idea di lasciare il paese. Dopo quanto successo a Stella Bonatti e a Giuseppe Vangeli, dopo il ritrovamento della piccola Maria, era chiaro che i nazisti non si sarebbero fermati. Palmira, sconvolta dai colpi di mitraglia che le avevano sventrato l'ingresso di casa, era scappata nella notte su a San Terenzo, tagliando per le mulattiere nei boschi, sola, coi piedi che le si erano fatti tutti gonfi e dolenti per via di quella corsa a perdifiato. A San Terenzo viveva la nuora, la moglie di suo figlio Antonio. E adesso erano lì, tutti insieme, sua nuora Angiolina e suo nipote Alfonsino, il primo nipote, che non aveva ancora dieci anni, e la cugina, la piccola

Luisa, figlia della Lea, che in autunno doveva iniziare le elementari e che aveva una voce bellissima, almeno quanto i suoi capelli neri.

«A Valla a Valla, andiamo a Valla» ripeteva Luisa, come fosse una nenia, nel lettone con la nonna e il cugino Alfonsino. Stavano tutti insieme, stretti sul materasso. Palmira sudava per l'afa della notte.

«Stai buona, Luisa, buona adesso.»

Le faceva male la testa, all'altezza delle tempie e dietro gli occhi: quel dolore, cominciato nel pomeriggio, dopo la corsa nel bosco era diventato insopportabile, e così cercava di non pensarci e di concentrarsi sulle sue gambe e sui suoi piedi, sul cuore che sentiva battere forte e regolare nel petto: sono ancora viva, si diceva, sono ancora viva. Dio sia lodato, sono ancora viva. Quando le avevano raccontato dei Vangeli, della piccola Maria – era stata sua nuora a raccontarglielo –, si era messa a piangere. E sapeva che quel pianto era più per il fatto di essere viva, di essere scampata a un massacro che poteva toccare a lei, che non per Stella e Giuseppe, e per la bambina rimasta sola. Sono ancora viva, pensava mentre piangeva.

Sarebbero andati a Valla la mattina dopo. Palmira non aveva detto neppure una parola, era rimasta in silenzio a sentire le decisioni della nuora e della Lea, e non aveva replicato nulla. Non aveva nemmeno annuito. Eppure sentiva dentro un'angoscia che le pesava sul petto come un mattone, non era affatto convinta che Valla fosse la scelta giusta, che la grande fattoria dei Cecchini sarebbe stata un posto buono per nascondersi.

Ma dopo quell'ostinata leggerezza del pomeriggio, quando non aveva voluto ascoltare le parole di don Rabino, né le preghiere di suo marito Angelo, quando aveva voluto sfidare la sorte e i tedeschi restandosene semplicemente a casa sua e rischiando così di finire come i Vangeli, come Giuseppe e la Stella, dopo lo spavento per la mitraglia e le urla e il rumore dei camion, non osava più dire nulla. Si limitava ad ascoltare e a pregare, stringendo nella tasca della gonna il rosario di legno.

Mentre la notte procedeva lenta, mentre i bambini, nel sonno, respiravano piano facendo tremare appena le membra in minuscoli scatti, Palmira non riusciva a chiudere gli occhi. Ogni volta che ci provava, le immagini di quella giornata tornavano, e ripensava alle braccia di suo marito, alle urla delle bestie sul greto del Bardine, a quel ragazzo con gli occhi e la bocca grandi che era entrato in casa con la mitragliatrice. Anche le bestie erano tutte morte insieme ai tedeschi, qualcuno dei soldati aveva usato le carcasse come scudo, prima che la pioggia di bombe a mano rendesse vano ogni tentativo di difesa. Palmira pensava alla pasta del pane che era rimasta sotto al pergolato e che doveva essere piena di vermi e di insetti, ormai. Pensava ai proiettili contro la sua porta di casa e alla luce che era entrata insieme alla polvere dai fori. Pensava a quella corsa disperata quando a ogni rumore, a ogni respiro del bosco, aveva creduto di morire.

«Valla, andiamo a Valla.» Avrebbe dovuto dire che non era una buona idea, che Valla non poteva essere sicura. Lei se lo sentiva, ma le mancavano le forze e il coraggio per pronunciare anche solo un'altra parola. Alfonsino, che dormiva con la testa in fondo ai suoi piedi, le si era fatto tutto stretto contro la gamba. Palmira iniziò a muoverla piano piano, come se lo stesse cullando.

Roberto Oligeri mi raccontò che Valla era da sempre stata proprietà della famiglia Barucci, di Giuseppe e della moglie Maria. La figlia Nanda, dopo il matrimonio, era andata a lavorare come ispettrice di dogana a Mendrisio, sul confine svizzero. Non tornava da mesi.

I vecchi Barucci vivevano nella grande casa di fronte alla collina scura e dolce che sospingeva i vigneti in onde regolari verso le Apuane. La distesa a pascolo scendeva lambita da fitti boschi di castagni coi profili che viravano all'oro mentre il sole del tramonto scivolava lentamente dietro le Apuane nelle lunghe sere d'estate, bagnando un'ultima volta l'orizzonte prima di scomparire.

Nella colonica coperta d'edera, proprio di fronte alla gran de stalla, alloggiava la famiglia Cecchini, i mezzadri della fattoria. A San Terenzo erano conosciuti e stimati da tutti, tanto i Barucci quanto i Cecchini. Invidiati, anche, per il fatto che fossero custodi di una bellezza che non aveva eguali nei dintorni. La luce di quel luogo, in particolare, ne conservava intatto l'incanto attraverso le stagioni: la sua esposizione, aperta e lievemente in pendenza, faceva sì che i raggi planassero sull'erba verde dei pascoli e sulla terra dissodata dei campi come una coperta tiepida e rassicurante durante tutto l'anno, inverno compreso. L'uva così maturava con un'uniformità e una dolcezza che rendeva il vino di Valla il più buono, in paese, e il più conteso fuori dai confini di San Terenzo.

Mi piace oggi pensare che anche per questo, anche per questa bellezza, le donne di San Terenzo avessero scelto Valla come rifugio, come nascondiglio collettivo, per provare a sfuggire alla vendetta delle SS. Avevano scelto il posto in cui forse tutte e tutti avevano sognato di poter vivere almeno un giorno, il posto in cui, attraversandolo per arrivare al vecchio mulino lungo il torrente, trecento metri più in basso, tutti almeno una volta avevano detto, sospirando: «Che meraviglia sarebbe stare qui».

Da Valla alle prime case di San Terenzo, a piedi, non ci volevano più di quindici minuti attraverso un'ampia mulattiera che tagliava un bosco di castagni, quindi si apriva sul crinale splendente di una collina esposta a sud e riguadagnava infine un'ultima porzione di bosco prima di incontrare lo spazio erboso che delimitava la fattoria, con due alti cipressi a fare da sentinelle.

Sulle colline di fronte a Valla si stendeva il paese di Canova, scelto da una guarnigione tedesca come avamposto e fortino, proprio per la sua posizione dominante e libera da ostacoli naturali. Oggi si può ben immaginare che da lì i soldati avessero avuto gioco facile nell'osservare uomini, donne e bambini – soprattutto donne e bambini – che fin dalla sera del 17 agosto avevano cominciato a tracciare un fitto e scomposto viavai tra il paese e la fattoria.

Le famiglie si erano organizzate come potevano per dormire all'aperto, portando materassi di fortuna, paglericci e viveri: Valla veniva considerata abbastanza fuori dal paese per ritenersi immune da una rappresaglia nazista, ma abbastanza vicina per consentire alle famiglie rifugiate di tornare nelle proprie case se ce ne fosse stato bisogno. E questo, di fatto, accadde: per tutta la sera del 17, per tutta la giornata del 18, l'andirivieni fu continuo, il passaparola incessante, il richiamo irresistibile.

La paura e l'orrore si esorcizzano meglio nella vicinanza piuttosto che nella solitudine. Fu proprio la spinta a non restare soli, tenera e umanissima, che condannò il paese al suo destino.

La sera del 17 agosto, alle otto in punto, Helmut Looß entrò nella stanza della villa che Walter Reder aveva trasformato nel suo ufficio, tra Carrara e il mare, a Isola di Ortonovo. Una scrivania di noce, una sedia anch'essa con l'intelaiatura e lo schienale di noce, la seduta imbottita foderata con una stoffa a fiorami sui toni del bordeaux, sulla scrivania una lampada dallo stelo in ferro battuto e il paralume di vetro verde cupo, una doppia pila di documenti con le etichette disposte in preciso ordine alfabetico. Le pareti erano bianche, il pavimento era fatto di vecchie cementine che formavano motivi geometrici dai colori consumati. Le imposte erano chiuse, non entrava neppure un filo d'aria. Looß sudava nella sua uniforme. Reder no. Seduto, composto, diritto, la sua faccia quadrata sotto i capelli chiari pettinati a onda sulla fronte larga e piatta. La manica della giacca da ufficiale delle SS gli cadeva vuota lì dove avrebbe dovuto esserci il braccio sinistro. Reder aveva preso l'abitudine di infilare la mano destra dentro i bottoni della giacca chiusa, a metà del busto. Come un generale. Tutti lo chiamavano il Monco per via di quella menomazione. Lui lo sapeva, e ne rideva.

Aveva ventinove anni. Era entrato nelle SS a diciannove, volontario. Aveva combattuto in Lituania, in Estonia, nella Russia nordoccidentale e in Ucraina, a Kharkiv. Dopo Kharkiv, ferito in uno scontro a fuoco, avevano dovuto amputargli il braccio: un anno prima, durante l'operazione Barbarossa, un cecchino gli aveva sparato al collo paralizzandogli la mano sinistra. La nuova ferita, sul campo di Kharkiv, gli aveva invece completamente lacerato i tendini e le vene dell'avambraccio già rigido e insensibile. Così, all'ospedale militare di Vienna, dopo un paio di operazioni andate male, non c'era stata altra possibilità che togliere via l'arto spappolato. Era decorato con la croce di cavaliere.

Looß non si era seduto, come d'abitudine: stava rigido a meno di due dita dal bordo della scrivania di Reder. In qualità di ufficiale della Sezione informazioni della 16ª Panzergrenadier-Division Reichsführer-SS, aveva il compito di coordinare logistica e azioni di quella che veniva comunemente chiamata la «lotta alle bande».

Avevano combattuto entrambi, Looß e Reder, sul fronte orientale. E avevano sperimentato lì quanto scientifica possa farsi la crudeltà quando l'obiettivo diventa asettico e militare, quando nell'idea di annientare il nemico rientra il progetto stesso di sterminio, quando si arriva a identificare un intero popolo come l'obiettivo da abbattere. Annichilire. Piegare. Cancellare.

Looß aveva passato il pomeriggio a Fosdinovo, nel castello in cui era acquartierata la compagnia di Fischer. Sedici SS ammazzate dai partigiani, una diciassettesima vittima tornata ferita gravemente al comando. Ma ancora viva.

Adesso, nella penombra soffocante della stanza, guardava Reder senza che alcuna emozione particolare gli muovesse i muscoli della faccia magra, lunga e sudata, più vecchia dei suoi trentaquattro anni, freddamente allenata all'impassibilità.

«Centosessanta» aveva detto. E gli era bastato quel numero, non aveva dovuto aggiungere altro. Reder aveva annuito, muovendo appena le labbra in una smorfia che non aveva alterato l'imperturbabilità della sua espressione. Aveva tolto la mano destra dal vuoto che la giacca sbottonata lasciava a metà del busto, e aveva preso una matita accanto alla lampada, perfettamente appuntita. Aveva segnato quel numero, centosessanta, scrivendolo in lettere, *einhundertsechzig*, sul ritaglio di un foglio a righe.

«Domani?» aveva chiesto, guardando negli occhi Looß.

«No. Domani no. Non siamo pronti. Sabato.»

«Troppo tardi.» Reder si era alzato in piedi, nell'alzarsi la manica sinistra della giacca aveva ondeggiato vuota. Era più basso di Looß di almeno un palmo. «Sabato è troppo tardi. Noi siamo pronti.»

«Quanti uomini ha?»

«Duecento, oltre a quelli di Fischer.»

«Non bastano. Hanno già tutti lasciato il paese, si sono nascosti.»

«Li troveremo. Chiamiamo Lodovici.»

«L'italiano.»

«Loro sanno. Tutto.»

«Non mi fido.»

«Di Lodovici sì. È un idiota italiano, ma è un idiota italiano fedele.» Sulle labbra di Reder si era di nuovo disegnata una smorfia. Looß aveva oltrepassato la scrivania: si era avvicinato al muro, di fronte alla grande cartina che disegnava tutta la costa Nord della Toscana, fino alla Liguria. «Abbiamo bisogno di più tempo» ribadì mentre con il dito disegnava un ampio cerchio intorno a Fosdinovo.

Reder si era acceso una sigaretta. Fumava con apparente rilassatezza, lasciando che il fumo gli uscisse dalle narici e dalla bocca socchiusa in piccoli fiotti piatti. Gli occhi erano vigili.

«Domani, maggiore. Domani. Abbiamo i prigionieri della scorsa settimana a Nozzano. Sono cinquantatré. È un buon numero per partire.» A quel punto le labbra di Reder si contrassero, una voluta di fumo gli uscì piena e grigia. «Gli altri li troveremo.»

Looß continuava a tenere gli occhi fissi sulla cartina: «Il tenente Fischer organizza i due posti di blocco a nord e a sud di San Terenzo» disse indicando un punto preciso sulla mappa, su cui picchiò per due volte le nocche dell'indice e del medio. «Intorno a Bardine, qui, ci vogliono almeno quattro compagnie.»

«Quattro. Mi sembra inevitabile.»

«Bisogna chiudere le vie di fuga.»

«Il tenente Fischer ha la mappa stradale più precisa.»

«Con le mulattiere.»

«*Sicherlich*, certo.» Anche Reder adesso guardava la mappa appesa al muro: il marrone che si addensava scivolando in un grigio plumbeo nel punto il cui la carta indicava le Apuane. Sotto: Carrara, più a sud Massa, e poi la Versilia. Il blu del mare era una macchia troppo brillante sul muro in penombra.

«Qui» disse Reder indicando la mappa con le dita occupate dalla sigaretta, «qui. Scendiamo da Fosdinovo, fino al torrente.» Looß seguiva con gli occhi i movimenti di Reder e le ombre che proiettavano sulla cartina. «Gli uomini di Fischer lasceranno i mezzi a Ceserano, risaliranno dal torrente attraverso quella mulattiera segnata più in basso. Vede?» e le dita continuavano ad agitarsi nell'aria, spingendo via il fumo in ampie volute illuminate dalla luce gialla della lampada. «Noi invece arriviamo da qui.» Indicò Fosdinovo, poi mosse la mano attraverso la linea immaginaria della provinciale fino al punto in cui sulla mappa, minuscolo, si leggeva il nome di San Terenzo. «Chiudiamo gli accessi qui e qui» e segnava l'inizio e la fine del paese, una macchia rossa e sinuosa tra il grigio delle Apuane.

Reder e Looß rimasero in silenzio per qualche secondo. Reder prese una lunga e piena boccata di fumo, poi Looß aggiunse, ricominciando a battere le nocche sulla cartina con un ritmo lento e cadenzato: «C'è anche la questione del prete».

«Il partigiano?»

«Lui, ha mandato lui a morte i nostri, ha gettato la rete per la trappola.»

«*Kakerlake*» disse Reder fissando la punta dei suoi stivali. *Kakerlake*, scarafaggio. E poi: «Del prete ci occupiamo noi» concluse spegnendo la sigaretta in un largo posacenere di vetro dalle bordature smerigliate come un merletto, che riflettevano e scomponevano la luce della lampada in minuscoli riverberi arcobaleno. La cenere della sigaretta avvizzì in un ultimo guizzo rosso la scintilla che era rimasta viva, brillante, al centro del posacenere.

«Domani» aggiunse ancora Reder.

«Sabato, ho già parlato con Fischer, ho avvisato il comando. Sabato. Non se ne parli più. Domani pomeriggio vediamo Fischer, verrà anche lei, maggiore, coinvolgiamo il reparto di Canova e raduniamo gli uomini.»

Looß fece sbattere i tacchi degli stivali, guardò ancora una volta Reder che era tornato a sedersi dietro la scrivania. La sua mano destra, dalle lunghe dita bianche, giocava con la manica vuota a sinistra. La stringeva e poi la rigirava tra i polpastrelli, lentamente, come se avesse voluto trattenerci dentro qualcosa. «E sia, maggiore. Sabato.»

Looß uscì portandosi via le ombre della stanza, oltre la porta chiusa.

11

Quando andai a trovare Marco De Paolis era inverno inoltrato. Ricordo: un giovedì, durante le feste di Natale, Roma piena di una luce grigia, insolitamente fredda e nebbiosa. Lui mi accolse con un sorriso gentile dalla soglia, dentro al suo ufficio di procuratore generale alla Corte d'appello militare. Cercavo informazioni sul processo per la strage di San Terenzo, quello che si è chiuso a Roma nell'aprile del 2011 con quattro condanne all'ergastolo ad altrettanti ufficiali nazisti per crimini di guerra. Cinque imputati erano morti prima della sentenza. Gli altri quattro, dopo il verdetto dei giudici, se ne sono andati a uno a uno in questi ultimi anni, senza aver mai scontato un giorno di carcere.

Da Marco De Paolis non volevo solo particolari sulle indagini, le testimonianze, il processo contro gli assassini della mia bisnonna. Volevo soprattutto capire perché, che cosa avesse spinto un magistrato militare, oltre sessant'anni dopo quei crimini, a riprendere in mano le fila di una storia che tutti sembravano avere ormai dimenticato, che gli stessi sopravvissuti avevano smesso di rivendicare chiedendo giustizia. E volevo capire perché, per oltre sessant'anni, i fascicoli che raccoglievano testimonianze e dettagli e indizi preziosi su quella scientifica carneficina fossero stati semplicemente dimenticati, sepolti insieme ai fascicoli delle altre stragi nazifasciste di quella terribile estate del '44.

«L'armadio della vergogna» disse De Paolis, la cravatta blu nascosta sotto un gilet di lana color carta da zucchero, le gambe accavallate che sfioravano un tavolo da tè pieno di libri, le grandi mani che trattenevano le ginocchia. Aveva la voce ferma e piena ma leggermente stanca, o almeno così mi parve. «Quei fascicoli stavano tutti lì dentro. Quando a metà degli anni Novanta furono ritrovati, più o meno per caso e proprio in questo palazzo qui, arrivarono infine sulla mia scrivania. Io avevo appena cominciato a fare il procuratore militare a La Spezia.»

De Paolis è nato nel 1959, a Roma. Nel 1988, dopo aver vinto il concorso, è stato trasferito a La Spezia: ha fatto il giudice e poi, dal 2002, il procuratore. Da quel momento, ha cominciato a indagare sui fantasmi nazisti che ancora tormentavano gli incubi dei superstiti, prendendosi a cuore quelle carte così a lungo ignorate dai suoi predecessori. Non aveva motivi personali né ideologici che lo spingessero a iniziare un lavoro che, tessera dopo tessera, assunse in breve tempo una dimensione imprevedibile, montando come un'onda di verità sempre più alta e non più arrestabile attraverso una storia che non aveva mai conosciuto giustizia. San Cesario sul Panaro, Certosa di Farneta, Sant'Anna di Stazzema, Cornia, San Pancrazio, Marzabotto, San Terenzo, Vinca, Padule di Fucecchio, Cefalonia. Centinaia e centinaia e centinaia di testimonianze dei sopravvissuti e dei loro parenti – ormai tutti anziani ma ancora desiderosi di dire la loro verità, di dare a quella verità inespressa una forma e una sostanza: le cose non esistono fino a che non le raccontiamo –, migliaia e migliaia di pagine di atti, più di duecento nazisti interrogati in giro per mezza Europa, oltre cinquanta i condannati durante diciassette processi. Un'opera monumentale di ricostruzione e di ritessitura di un racconto che la storia aveva destinato all'oblio, con la sofferenza di quei morti e dei loro cari, di quegli orfani e di quei fratelli, di quelle sorelle, di quegli uomini e di quelle donne rimasti a riannodare in silenzio e in solitudine esistenze devastate dall'orrore. Condannati col tempo a non essere più creduti, dai loro figli e dai loro nipoti: possibile, possibile che sia successo davvero? Ecco la domanda più dolorosa da fare a chi continua a essere testimone di una storia che in troppi avevano provato a cancellare.

All'inizio De Paolis non aveva struttura, non aveva rete, non aveva uomini e non aveva neppure uffici adeguati, alla Procura militare di La Spezia. Come cominciò, dunque? Avvenne in modo, per così dire, naturale. Il modo semplice di fare le cose solo perché vanno fatte. C'erano dei fascicoli su una scrivania che chiedevano di essere letti, controllati, verificati. «Ho fatto il mio lavoro, solo il mio lavoro: avevo delle carte, le ho lette, non le ho archiviate. Il mio lavoro, tutto qui» mi disse. Omettendo di ricordare che troppi altri non lo avevano fatto prima di lui. Perché, dunque? Perché?

L'armadio della vergogna: nel 1960 vennero arbitrariamente archiviati – sotto l'ipocrita dicitura: «archiviazione temporanea» – 695 dossier e un Registro generale con 2274 notizie di reato su crimini di guerra commessi in Italia tra il 1943 e il 1945. «Furono due i principali motivi di quell'archiviazione» mi disse De Paolis con il suo tono calmo e pieno. Ragioni di Stato: bisognava mantenere buoni rapporti con la Repubblica federale di Germania, come argine contro l'avanzata sovietica. Da qui la decisione di fermare i processi contro i responsabili tedeschi delle stragi. E poi, una questione tutta italiana: mettere una pietra tombale sui processi contro i nazisti in Italia serviva a salvare quei soldati italiani a loro volta accusati di atrocità e violenze in Albania, in Grecia, in Jugoslavia, in Etiopia. Dunque: si salvavano i criminali tedeschi per salvare i criminali italiani.

L'armadio della vergogna fu riaperto solo nel 1994, dal procuratore militare Antonino Intelisano che condusse le indagini contro Erich Priebke, per la strage delle Fosse Ardeatine. Fu come sventrare una diga: questa fu la potenza della scoperta. Vittime e carnefici per lunghi anni sottratti a ogni indagine pubblica ritrovavano una dimensione, un'esistenza, una verità. Le vittime potevano finalmente aspirare a conquistare una dignità per troppo tempo negata. Ma a quella potenza non seguirono effetti altrettanto evidenti. Molti fascicoli restarono esattamente lì dove erano stati trovati, destinati a essere presto archiviati un'altra volta: un nuovo armadio della vergogna, più silenzioso, meno clamoroso. Anche perché intanto gli ultimi superstiti invecchiavano e morivano, e con essi i loro torturatori e i loro assassini.

Fu Marco De Paolis, a partire dal 2002 – appena diventato procuratore – a cambiare il destino di una parte, almeno, di quei fascicoli e delle persone che con i loro incubi vi abitavano dentro da decenni, inascoltate. Restituendo giustizia agli omicidi, agli stupri, alle torture, alle violenze, ai saccheggi, agli incendi che avevano distrutto villaggi e generazioni lungo la Linea gotica. Fu lui a dare nomi e cognomi agli assassini della mia bisnonna Palmira Ambrosini. Quasi settant'anni dopo, nel 2011. Tardi? Certo. Ma non abbastanza per rendere marginale o superflua l'importanza di quel processo. Perché non è mai trascurabile la felicità di una sentenza che renda pubblica un'ingiustizia, che ne declami i responsabili, che dia voce e corpo alle vittime. Che restituisca loro pienamente l'anima. Che, portando verità e chiarezza, indichi finalmente una strada. La principale, eccola: non fu solo dei generali, non fu solo degli alti ufficiali la colpa di quelle orrende stragi. Perché si può sempre dire di no a un ordine ingiusto. Si può sempre dire di no. Qualcuno lo fece. Pochissimi.

Marco De Paolis me lo disse guardandomi negli occhi, non dimenticherò mai le sue parole: «È sbagliato pensare che i militari non avessero volontà, come se fossero automi costretti a eseguire gli ordini dei propri comandanti senza alternativa. Potevano dire di no: potevano rifiutarsi di saccheggiare e incendiare, di uccidere, stuprare, torturare donne e vecchi e bambini. Potevano farlo. Semplicemente non lo hanno fatto».

Così, attraverso un difficile e tortuoso raffronto di testimonianze, vecchie notizie di reato, incroci di dati e dossier italiani e inglesi – che per primi avviarono le indagini sui crimini di guerra lungo la Linea gotica, fin dal 1944 – il procuratore iniziò a dare la caccia ai nazisti della 16ª Divisione, quella del generale Max Simon e del maggiore Walter Reder. Quella di Helmut Looß e di Albert Fischer.

«Niente era improvvisato, niente era casuale. Questo bisogna ricordarlo bene per capire la portata di quei crimini. La strage di San Terenzo, come le altre, fu compiuta con determinazione, con assoluta premeditazione e con un attento e scrupoloso lavoro preparatorio. Ci furono incontri, conciliaboli e lunghe discussioni tra gli ufficiali per capire come agire: come chiudere le vie di fuga, per esempio, come braccare la popolazione, come coordinare i massacri.»

Mentre lo ascoltavo, seduta sul divano del suo ufficio, pensavo a Palmira, e pensavo anche a mia nonna Iolanda. Provavo a immaginarle lì, accanto a me, in quella stanza con il divano di velluto verde e la libreria di legno chiaro, piena di luce, di fronte a un uomo che, da solo, aveva cercato di ascoltare – seppure attraverso le parole degli altri – l'orrore e la paura che in silenzio avevano custodito e continuavano a custodire da vive come da morte. E aveva deciso di non ignorarli, quell'orrore e quella paura, anche se era passato così tanto tempo, anche se la vita e poi la vecchiaia e poi la morte si erano portate via i superstiti e i testimoni, è vero. Ma non il loro dolore, né la loro vergogna, né il loro muto sgomento. La giustizia negata non conosce minuti, non conosce ore, non conosce giorni né anni. Il senso dell'ingiustizia resta una ferita aperta e mai rimarginabile. Così avrei voluto ringraziarlo, perché mi sentivo piena di gratitudine per lui, però mi mancò il coraggio: mi sembrava una sciocchezza, un'ingenuità, come se non fosse concesso il sentimentalismo di fronte alla giustizia. Dunque continuai a fare domande, con il cuore stretto in gola.

Marco De Paolis mi raccontava quanto fosse stato delicato e difficile, ma anche fondamentale e prezioso, collaborare con le autorità tedesche per risalire all'identità dei soldati della 16ª Divisione SS di cui era riuscito a ricostruire ruoli e incarichi nell'estate del '44, in Italia. Mi raccontava dei suoi viaggi attraverso l'Europa per gli interrogatori e di come fossero diventati quei vecchi nazisti, di come e di quanto si fossero trasformati i loro corpi un tempo temuti e temibili e forti e potenti, ma in quel momento segnati dalle rughe e resi innocui dall'artrosi e dalle malattie, tuttavia non mutati nell'animo. «Crudeli» diceva De Paolis, con la voce pacata e ferma e, mi sembrava, un po' triste. «Tutti inevitabilmente vecchi, ma ancora pieni di crudeltà e di odio.» Non si erano pentiti, non avevano capito, a distanza di così tanto tempo, il senso del male che avevano commesso. Il male e le sue conseguenze. «No, nessuno di loro. Qualcuno semplicemente negava di aver partecipato alle stragi, altri dicevano di aver solo eseguito gli ordini. Ma il punto, il punto vero, il centro di tutto è che alla fine la maggior parte di quei vecchi nazisti odiava ancora gli italiani, ci disprezzava. Ricordo gli sguardi di qualcuno di loro: l'odio e il disprezzo verso di me, l'italiano che faceva domande. Fu difficile. Mi sentivo profondamente a disagio: quando percepisci l'odio nel tuo prossimo, l'unica cosa che provi è la solitudine. Ti senti solo e vulnerabile.»

In breve tempo, tra i reduci si diffuse la notizia di questo magistrato italiano che indagava contro i criminali di guerra nazisti. «Li intercettavamo: avevano messo in piedi una rete di nostalgici per difendersi e coprirsi a vicenda.» Non servì.

Il 26 giugno 2009, in primo grado, il Tribunale militare di Roma condannò all'ergastolo, per l'eccidio di San Terenzo Monti del 19 agosto 1944, Paul Albers, aiutante maggiore sottotenente SS, il maresciallo Hubert Bichler, i sergenti Josef Baumann, Wilhelm Kusterer, Max Roithmeier, Arnold Rosler, Max Schneider, Fritz Träger, Helmut Wulf, il maresciallo capo Adolf Schneider. Tutti del reparto Ricognitori della 16ª Divisione corazzata granatieri Reichsführer-SS.

Roithmeier morì prima della conclusione del processo, altri morirono prima della sentenza della Corte d'appello, il 20 aprile 2011: Albers, Bichler, Adolf Schneider, Träger.

C'era poi la questione degli italiani. Nel 1948, il colonnello Giulio Lodovici, comandante della XL Brigata nera di Apuania, fu assolto dal Tribunale di Perugia per insufficienza di prove. Una motivazione, questa, ancor più ingiustificabile e sorprendente se pensiamo che solo due anni dopo lo stesso tribunale condannò tredici repubblichini della sua brigata, quelli che si facevano chiamare i «Mai Morti». I loro nomi: Fernando Bordigoni, Giovanni Bragazzi, Corinno Fabiani, Andrea Pensierini, Elio Ussi, Giovanni Tomagnini, Agostino Nana, Giuseppe Diamanti, Paris Capitani, Italo Masetti, Ruggero Ciampi, Linda Dell'Amico, Alfredo Bovani. Furono tutti accusati di strage per l'eccidio di Vinca, tra il 24 e il 27 agosto 1944: centosettantatré persone trucidate e torturate, bruciate vive, decapitate, impalate. Quella carneficina fu, sostanzialmente, l'epilogo e la diretta conseguenza del massacro di San Terenzo, appena cinque giorni dopo. Vi parteciparono un centinaio di repubblichini, stando agli atti del processo di Perugia e a quelli di Bologna, nel 1951, dove fu condannato il maggiore Walter Reder. Lo stesso Reder parlò del coinvolgimento degli italiani, di come Lodovici gli avesse messo a disposizione i suoi uomini. Non bastò a creare le condizioni e le premesse per un altro processo: Lodovici visse tranquillo, e impunito, fino alla fine dei suoi giorni.

Le carte del processo iniziato nel 1949 sono inequivocabili. E impressionanti. Attraverso testimonianze ancora vivide, precise, dettagliate, raccontano che furono i fascisti, tutti italiani, praticamente tutti di Carrara – che spesso conoscevano non solo i luoghi che devastarono e saccheggiarono, ma anche le persone che trucidarono –, a macchiarsi dei crimini più orrendi, delle colpe più innominabili. Fu Giovanni Tomagnini detto Sergio, caporalmaggiore, a squartare una donna incinta di nove mesi a Vinca: lei si chiamava Alfierina Marchi. Venne ritrovata morta, sventrata: prima di andarsene, il suo torturatore le aveva messo il feto tra le braccia. Lui stesso, dicono le carte del processo di Perugia, se ne vantò qualche giorno dopo con il padre. Disse, in un'osteria di Carrara, ascoltato dai testimoni che riferirono in tribunale: «Brindiamo per la donna che ho squartato a Vinca».

Fu il sergente Giovanni Bragazzi a dare l'ordine di lanciare per aria una bambina di due mesi, mentre cinque camicie nere travestite da nazisti le sparavano al volo. Fu Italo Masetti a buttare una bomba a mano dentro una casa colonica per sterminare le donne e i bambini che vi avevano trovato rifugio, quattordici persone in tutto, e poi, come raccontò una sopravvissuta, incitò il suo cane perché leccasse il sangue dei cadaveri.

Quelle tredici condanne furono tutte amnistiate. Quegli uomini e quella donna, Linda Dell'Amico, accusati di crimini atroci, tornarono presto in assoluta e totale libertà: l'amnistia copriva tutto, scontava tutto, per sempre. «Per questo» mi raccontò De Paolis «non fu più possibile indagare sulle responsabilità degli italiani nelle stragi del 1944. Per questo abbiamo potuto procedere contro i criminali di guerra tedeschi ma non contro i criminali di guerra italiani.» All'amnistia del 22 giugno 1946, voluta dal ministro della Giustizia Palmiro Togliatti, ne seguirono altre, altri condoni, altri indulti. A fine luglio del 1946, dopo le prime cinque settimane dall'entrata in vigore dell'amnistia, erano già uscite dal carcere 219.481 persone. L'Italia repubblicana – nelle sue istituzioni ma soprattutto nel suo apparato burocratico – aveva sostanzialmente ereditato l'impianto dell'amministrazione fascista, e questo era accaduto anche dentro la magistratura. L'amnistia servì alla fragile Repubblica appena nata per consolidare l'ingresso in una fase nuova, per superare il ventennio fascista, e poi la guerra, e poi le atrocità che ne seguirono, cercando di disinnescare il clima di odio e vendette che aveva lacerato e stava continuando a lacerare il paese. Vero. Ma d'altro canto non permise mai una piena e reale presa di coscienza collettiva sui crimini che erano stati commessi e sulle loro conseguenze. Sulle responsabilità politiche, morali, individuali. In Italia non ci fu mai una Norimberga, e se da un lato la clemenza giudiziaria riuscì a facilitare un percorso apparente di pace – che si sarebbe presto infranto nel terrorismo rosso e nero – dall'altro non riuscì a costruire una profonda, vitale e forte coscienza di popolo e di paese sulle colpe e sui crimini per cui gli italiani, sostanzialmente, si autoassolsero. Con molta fretta e altrettanta leggerezza.

Mia nonna è morta senza conoscere i nomi degli assassini di sua madre, è morta senza che il Male che l'aveva travolta trovasse un volto e una forma, la concretezza necessaria non per lenire il dolore della perdita ma per provare a dargli un senso. Mia nonna non ha mai saputo chi fossero gli assassini e i torturatori di sua madre, e così non ha potuto fare altro – lei come molti – che ricostruirsi verità parziali e annebbiate, paraventi umanissimi che giustificassero in parte un orrore altrimenti inaccettabile.

«Se non ci fossero stati i partigiani» diceva mia nonna. Ma quali altre chiavi di lettura le erano state date, quali reali colpevoli le erano stati offerti? Nessuno. Solo l'oblio e quell'imperativo impossibile: dimenticate, non ci pensate più, la pace impone di andare avanti. Alla cieca. Non le hanno mai concesso il diritto di avere giustizia, e la giustizia negata è da sempre, dacché esiste quella che chiamiamo civiltà, un crimine nel crimine. Che non si può colmare coi cortei, le commemorazioni storiche, i discorsi e i gonfaloni. L'assenza di giustizia è stata un trauma che è diventato il trauma di una nazione, a cui è stato negato il diritto di capire e di conoscere, e dunque di superare un poco della propria paura: si ha paura solo di ciò che non si conosce.

Così, se ancora oggi trattiamo con relativismo gli orrori di quasi ottant'anni fa, se ancora oggi ci permettiamo il lusso di guardarli con sostanziale indulgenza, scontandoci un po' di quella crudeltà e di quell'odio che hanno impallinato intere generazioni, se ancora oggi ci domandiamo con sufficienza se il fascismo non abbia fatto anche cose buone, è perché la giustizia è stata negata. E con essa la verità storica di un intero paese.

Marco De Paolis aveva fatto solo il suo lavoro, dunque. Sembrava così semplice, così normale, mentre lo raccontava. Ma «fare solo il suo lavoro» aveva rappresentato un gesto straordinario. «Non ci furono solo le difficoltà coi vecchi nazisti, con i rapporti diplomatici tra l'Italia e la Germania, con le resistenze delle istituzioni tedesche che di fatto impedirono che le sentenze venissero effettivamente eseguite.» Nessuno dei 57 nazisti che De Paolis fece condannare all'ergastolo ha mai visto una cella. Ma non basta. Il cacciatore di nazisti, il procuratore di La Spezia, dovette fare i conti anche con la delusione, la diffidenza, la paura, lo scoraggiamento dei superstiti italiani, che per decenni avevano aspettato invano che lo Stato si occupasse di loro, per decenni avevano aspettato invano di veder riconosciuti i propri diritti di vittime e prima ancora quelli di cittadini violati, umiliati, massacrati. Senza che né colpe né colpevoli alleggerissero il peso di una ferita in alcun modo superabile, in alcun modo rimarginabile, innanzitutto per il fatto che non venne mai riconosciuta, né ascoltata.

Del resto quei morti – donne, vecchi, bambini – erano gli ultimi degli ultimi. Erano persone semplici, spesso analfabete, con poco o nessun sostentamento, con poca o nessuna autorità per poter far sentire la propria voce. Anche la ricostruzione di una nazione martoriata dalla guerra, e poi dalla guerra civile, fu una ricostruzione da cui gli ultimi vennero di fatto estromessi. Le loro lacrime e la loro rabbia non trovarono la strada né la forza perché potessero essere riconosciute. Le stragi, gli eccidi, le violenze non a caso si consumarono nei villaggi: è accaduto in Italia, nella Seconda guerra mondiale – a Sant'Anna, a San Terenzo, a Vinca, a Bergiola, a Marzabotto –, è accaduto a Mỹ Lai in Vietnam, per mano dei soldati americani, è accaduto al mercato di Sarajevo e a Račak, in Kosovo, è accaduto a Srebrenica ed è accaduto a Bucha, in Ucraina. È accaduto sempre lì dove era più difficile scoprire e scoperchiare il crimine, lì dove i morti, i feriti, i torturati e gli offesi, insieme ai loro parenti, avevano meno mezzi di altri – economici, culturali, sociali – per poter rivendicare la propria dignità di vittime.

Così, a San Terenzo come altrove, sono diventati tutti vittime due volte: prima dei criminali nazisti e fascisti, poi dei governi. È apparso fin troppo facile non curarsi di loro, non dare loro ascolto, seppellire il loro dolore dietro il fumoso paravento delle ragioni di Stato. Ma la loro giustizia negata è la giustizia negata a un'epoca, è la premessa sbagliata di un difficile e ancora non del tutto risolto percorso di pace.

De Paolis lo sapeva. Lo aveva visto e conosciuto sulla sua pelle: quella diffidenza, quella rabbia, quel disincanto che induriva gli occhi dei pochi sopravvissuti, dei parenti delle vittime, quella luce fredda di stanchezza e solitudine che negli anni era diventata pura resa. «Come potevo andare da loro e dire: sono qui, faremo giustizia? Quale giustizia farete sessant'anni dopo? Ecco la domanda che leggevo sulle loro facce. La domanda muta che loro facevano a me, il rappresentante di quello stesso Stato che per così tanto tempo li aveva ignorati, e dunque calpestati. Come potevo?»

Mentre mi parlava, vedevo annebbiarsi gli occhi tristi del procuratore, del cacciatore di nazisti, una vita spesa per tante storie che quasi nessuno aveva più voglia di ricordare. Vedevo la solitudine, anche la sua, di una battaglia che era stata data per persa, e per inutile, in partenza. Ma che lui non aveva smesso di combattere fino alla fine. «Ho chiesto scusa, ho chiesto sempre scusa a tutte le vittime, a tutti i loro parenti.»

«Lei ha chiesto scusa?»

«Per quello che non avevamo fatto, per tutti quegli anni buttati, per tutte quelle omissioni, per quei ritardi. Che altro potevo fare, se non chiedere scusa?»

Nel cortile interno della procura militare, a pochi passi dal chiostro del Bramante, una famiglia di pappagalli gialli e verdi aveva eletto a proprio rifugio un albero grigio e spoglio. Mi voltai a guardarli attraverso l'ampia finestra, mentre ondeggiavano sui rami sottili, facendo fremere le piume a ogni accenno di vento nel cielo piatto e uniforme di gennaio, e mi chiesi da quale gabbia fossero fuggiti. Sul mio cellulare avevo conservato il messaggio che Roberto Oligeri mi aveva inviato la sera prima, quando gli avevo raccontato che avrei visto De Paolis, a Roma.

Presi il telefono dalla borsa che avevo messo accanto a me sul divano: «Guardi» dissi al procuratore, «ho un messaggio di Roberto Oligeri, qui, se lo ricorda?».

«Certo. Oligeri. Me lo ricordo benissimo.» Marco De Paolis sorrise con gentilezza, e sulla bocca gli si disegnò una linea di stupore.

«Glielo vorrei leggere, parla di lei.» Non gli lasciai il tempo di replicare. Aprii il cellulare. Lessi: «Gli dobbiamo davvero moltissimo, noi di questi sfortunati paesi. È una grande persona, sai? Ha avuto il coraggio di andare controcorrente, ha restituito onore allo Stato, e quindi lo ha restituito anche a noi».

A quel punto alzai lo sguardo, e vidi gli occhi del procuratore bagnati di lacrime.

12

Così ero tornata a San Terenzo. C'ero tornata con fatica – piena di paura per tutto quello che non conoscevo –, con l'inquietudine che mi chiudeva la gola, in quel pomeriggio di ottobre in cui avevo aspettato Roberto Oligeri al parcheggio, mentre i ricci dei castagni cadevano a terra cadenzando i secondi, un rumore ritmico, dolce e rassicurante.

Ero tornata a San Terenzo, o forse ci andavo per la prima volta, perché la memoria aveva confuso i sogni e i ricordi, i racconti e le suggestioni, le immagini reali e quelle soltanto disegnate nei voli ineffabili del mio inconscio. Ero tornata a San Terenzo per capire, e adesso che finalmente ero arrivata mi tremavano le ginocchia. L'inadeguatezza che sentivo – lo smarrimento, la vergogna per quella lunga latitanza dal passato – pesava come pesano gli anni, come pesano le omissioni, le reticenze, le solitudini, le sofferenze soffocate.

Avevo attraversato le strade del paese, la piazza della chiesa, la vecchia canonica, l'emporio degli Oligeri, avevo proseguito lungo il sentiero seguendo il bosco che ritagliava la collina in anse ampie e gentili, un lieve saliscendi, aprendosi infine in uno spazio erboso inondato di sole: la fattoria di Valla. Era rimasto tutto così immobile e intatto attraverso i decenni, così fermo e immutato, per un attimo mi chiesi se ogni cosa, di quei luoghi, non mi stesse in realtà semplicemente aspettando da allora, da quell'estate del '44. Mi chiesi se ogni cosa, di quei luoghi, avesse resistito alle stagioni, se avesse opposto resistenza ai mutamenti dell'uomo, della natura e della storia solo per potersi mostrare, come fanno i moribondi che si attaccano ai loro ultimi respiri aspettando che arrivi qualcuno a cui affidare l'ultima testimonianza di vita prima di concedersi il ristoro della morte. Eccomi, avrei voluto o forse dovuto dire, sono qui.

Vidi il vecchio castagno dietro la casa colonica dei Cecchini: aveva ancora la chioma carica di foglie, l'aria era tiepida e lievemente umida. Mi chinai, appoggiai una mano su una radice che creava una specie di ansa massiccia sopra la terra quasi nera, attorcigliandosi infine in uno scampolo di corteccia ricoperta di muschio prima di lasciarsi di nuovo inghiottire dall'erba alta e grigia. Il vecchio castagno: per abbracciarne il tronco ci volevano le braccia di almeno tre bambini. Clara Cecchini e i suoi fratelli facevano questo gioco: si mettevano intorno all'albero, in cerchio, e allungavano le braccia sottili come steli bianchi fino a che le loro dita si intrecciavano e intrecciandosi coprivano per intero la circonferenza calda e ruvida della corteccia piena di sole.

Erano le nove passate da poco, era la mattina del 19 agosto 1944. Quando videro i primi soldati che dal piccolo borgo di Ceserano risalivano il pendio erboso attraverso uno stretto sentiero che univa Valla al torrente Bardine, i bambini stavano sotto il castagno. Clara ricordava che erano almeno nove o dieci messi a semicerchio, il più piccolo di loro, suo fratello Pietro, lanciava dei gusci di noce, lì dove la terra era quasi tutta ricoperta di foglie, come se fosse già autunno. Delle tenere grida, sottili nell'aria ancora rarefatta del mattino, ora incitavano ora cadenzavano quei lanci. «Pietrino ha sbagliato!» «Pietrino, più lontano.» «È troppo piccolo, lui, dai a me.» «No, adesso tocca a me.»

Dov'erano le madri, le sorelle maggiori, le cugine, le nonne? Ai bambini non importava. Doveva certamente sembrare una mattina come tutte le altre, una di quelle mattine di agosto con il cielo lattiginoso di afa a cui neppure la notte era riuscita a dare un po' di tregua. La fattoria di Valla, a quei bambini, appariva un grande gioco. C'erano tutti: gli amici di sempre e quelli che non vedevano quasi mai ma adesso erano come una famiglia. Avevano dormito insieme sotto al castagno, accoccolati sulle ginocchia e sul seno delle madri, insieme si erano svegliati, avevano mangiato il pane abbrustolito sui piccoli fuochi accesi al riparo dal vento e aiutato a macinare le noci che servivano per fare una bevanda nera come il caffè. Qualcuno aveva dormito nella stalla, altri nella casa colonica dove Clara e i suoi fratelli avevano fatto posto nei grandi letti coi materassi imbottiti. Le madri, le sorelle maggiori, le cugine, le nonne avevano il loro da fare, ma ai bambini non veniva richiesto nulla, quella mattina. Per i bambini era vacanza.

Fu Pietro o fu Clara? Chi vide per primo i soldati? Camminavano curvi sul sentiero, gli stivali non facevano rumore sulla terra morbida coperta da un velo di erba ingiallita. Fu Pietro: lui vide dal sentiero il primo soldato con una tuta mimetica, il teschio sull'elmetto, il pugnale negli stivali, una collana di proiettili che arrivava fino ai fianchi.

Intorno alla cintura, le bombe a mano sembravano delle grandi pigne.

«Più lontano, Pietro.» «Non così, più lontano.» «È piccolo, non ce la fa» gridavano gli altri bambini. Lui allora, con tutta la forza delle sue minuscole braccia, aveva tirato il guscio di noce, e il guscio aveva fatto una parabola brillante nell'aria, sotto i raggi obliqui del primo sole, ed era precipitato almeno dieci passi più avanti. Dieci passi, dieci passi: il cuore di Pietro si era gonfiato tutto nel petto. Corse, velocissimo, a prendere il guscio, e voleva dire: «Avete visto, avete visto quanto l'ho tirato lontano?». Ma mentre si rialzava dopo averlo raccolto, vide il primo soldato attraverso il sole del mattino, e i loro occhi si incrociarono un attimo appena, con le pupille strizzate dalla luce.

Palmira aveva passato la notte nella stalla, sistemando un giaciglio di fortuna con dei vecchi panni arrotolati intorno al paglericcio perché pungesse meno la pelle attraverso il vestito di cotone leggero. La notte del 18 agosto era passata via insonne, come la precedente: la mia bisnonna, con il braccio chiuso sotto la guancia, si era rigirata tutto il tempo sulla paglia calda e lievemente inumidita dal suo sudore, senza provare neppure a chiudere gli occhi. Quel riparo di fortuna, il marito e il figlio lontani, nascosti nei ricoveri organizzati dentro le grotte intorno al torrente Bardine, le mettevano un'inquietudine tale da farle mancare a tratti il respiro, come se il cuore troppo accelerato smettesse all'improvviso di battere.

E poi, e poi: c'era stato quel litigio, tremendo, la mattina del 18 agosto a casa della Lea, mentre stavano preparando le poche cose per andare a Valla, come era stato deciso, un po' di provviste dentro la sporta, i panni necessari a organizzare una parvenza di letto di fortuna. «Sbrigati, Palmira» le diceva Angiolina, la nuora, con le giovani guance che si chiazzavano sempre di ombre rossastre quando era preoccupata o nervosa, «sbrigati. Se dimentichiamo qualcosa torno a prenderla io.» Palmira provava a concentrarsi, ma la sua consueta efficienza l'aveva abbandonata: le sfuggivano le cose dalle mani, sentiva la testa dolente e confusa, il caldo feroce le opprimeva il petto e la bocca.

«Zio Torino, zio Torino.» Aveva sentito il piccolo Alfonsino gridare nella cucina, da basso. «Zio Torino, sei qui.» Le grida infantili piene di eccitazione erano diventate delle urla, sempre più alte e violente. La Lea e suo marito Ottorino, Torino lo chiamavano tutti, avevano iniziato a discutere, e discutevano così forte che la cucina quasi spoglia produceva un'eco di quelle voci arrochite dall'agitazione e dall'ansia.

Palmira era scesa, aveva visto Lea e Torino fronteggiarsi, lui con le mani sui fianchi magri, quasi da ragazza, aveva la faccia rossa e umida, non si capiva se di sudore o di lacrime. «Dovete venire via. Valla non va bene, è pericolosa, è troppo vicina al paese. Ho saputo quello che hanno fatto a Canova, mi hanno detto...»

«Insomma, Torino, tu non sai niente... ti ho detto che Valla è sicura. Dove vuoi andare? Coi bambini poi, come si fa? Mica possiamo portarli nel nulla, così.» Il petto della Lea sussultava, le larghe spalle, il seno grande: forse stava piangendo, con le mani si premeva ora le guance ora gli occhi, mentre le cosce erano strette contro il tavolo di legno scuro, al centro della cucina, venato da una crepa sottile che pareva spaccarlo a metà. Palmira non parlava, si teneva come rannicchiata contro la ringhiera delle scale, in equilibrio sull'ultimo gradino, il fazzoletto nero sopra i capelli, non voleva intromettersi tra moglie e marito. Ma pregava, dentro di sé, pregava: Lea, Lea, fai che la Lea gli dia retta.

«Mamma, andiamo col babbo, andiamo con lui» anche la piccola Luisa adesso piangeva, mentre Alfonsino guardava lo zio Torino con gli occhi grandi e brillanti. Da quando suo padre Antonio era lontano – scappato per la paura dei rastrellamenti degli uomini che portavano nei campi di lavoro in Germania – si era legato allo zio in modo quasi ossessivo. Alla fine perfino la Lea disse: «Facciamo così, questa notte dormiamo a Valla, poi domani con calma raduniamo le ultime cose e ci vediamo al mulino di Soliera». Si era seduta, le mani, con le dita tra i capelli, sorreggevano l'ampia e bella fronte, ancora liscia. «Domani è tardi» aveva detto Torino, ma Lea sembrava aver smesso di ascoltarlo. «Ci sono le cose da prendere... i bambini... e poi le donne non le toccano, lo sanno tutti che le donne non le toccano, e io certo non ho paura» continuava a ripetere scuotendo la testa riccia e nera, esausta.

«I bambini me li porto via adesso.» Torino voleva usare un tono di sfida, ma quella frase gli era uscita carica di disperazione. Luisa si era avvinghiata alle ginocchia del padre e Torino l'aveva sollevata in braccio stringendola al petto, mentre Alfonsino le diceva: «Tu sei troppo piccola, tu devi stare con tua mamma, con zio Torino ci vado io».

Era arrivata anche Angiolina, richiamata dalle urla di poco prima, si era messa accanto a Palmira, sullo stesso gradino, e guardava suo figlio Alfonsino. «Noi non siamo ancora pronti, Alfonsino» gli aveva detto a mezza bocca, piena di inquietudine all'idea di lasciarlo andare senza di lei. La Lea si voltò a guardarla: «Andiamo noi a Valla, io, te e Palmira. Nascondiamo un po' delle cose nostre e domattina ci ritroviamo tutti a Soliera. I ragazzi... forse ha ragione Torino: meglio che i ragazzi vadano direttamente con lui adesso».

Angiolina non era convinta, si torceva le mani sopra il grembiule. Alfonsino, con quella sua voce ancora fragile e infantile, aveva detto gonfiando il petto: «Mamma, è deciso, vado con zio Torino».

Le famiglie si erano divise in silenzio: i ragazzi, anche la piccola Luisa, sembravano attraversati da una strana eccitazione, come se li aspettasse una grande avventura. Le due madri – Lea, Angiolina – erano rimaste rigide e mute per tutto il tempo prima di salutarsi, anche Torino aveva smesso di parlare: gli occhi fissi ora sulle sue scarpe ora sulla moglie indaffarata a sistemare le cose che ancora si dovevano sistemare.

«Ci vediamo domani» aveva detto Lea al marito che reggeva un grosso sacco di provviste sulla spalla, prendendogli per un momento la mano libera fra le sue, premendo le dita magre sul palmo grande e caldo dell'uomo, poi aveva dato una carezza avvolgente e frettolosa sulla testa della figlia Luisa, riccia e nera proprio come la sua, mentre Angiolina si era chinata tutta su Alfonsino: «Vieni qui» gli aveva sussurrato attirandolo a sé, e gli aveva lasciato un lungo bacio all'attaccatura dei capelli.

Si erano separati di fronte alla canonica, dove la strada si interrompeva in un piccolo crocevia. I bambini e Ottorino Chinca avevano preso la direzione per Soliera, le tre donne, invece, si erano incamminate verso la fattoria di Valla imboccando il sentiero dalla parte opposta. Palmira aveva sentito per tutto il tempo le lacrime pungerle il bordo degli occhi, ma non aveva pianto. Aveva deciso che doveva smettere di pensare. Stringeva il rosario nella tasca e camminava con gli occhi bassi, dietro la nuora e la Lea, portando come aveva sempre fatto, da sempre e per tutta la sua vita, una larga cesta in perfetto equilibrio sulla testa, mentre le voci dei bambini si allontanavano sempre più confuse alle sue spalle.

Erano le nove passate da poco, era la mattina del 19 agosto 1944.

Le SS avevano circondato la fattoria arrivando da sotto, da Ceserano, e da sopra, attraverso i boschi fitti e scuri che prendevano Valla a tenaglia. I soldati erano risaliti quasi in ordine sparso tagliando a passi lunghi e veloci i sentieri ampi, scuri per le fronde di acacie e castagni così fitte da non far passare la luce, muovendosi in piccoli gruppi compatti di due o tre al massimo, rapidi e silenziosi.

Rapidi e silenziosi, erano riusciti a prendere possesso di quasi ogni angolo di bosco, senza che nessuno potesse davvero capire o prevedere quanti fossero né la loro forza, e quando infine erano risaliti al pendio erboso di viti e pascoli che si apriva dolcemente sotto la fattoria, erano così tanti, così tanti, che la sola idea di poter fuggire, di potersi buttare alla cieca in un sentiero, in un rovo, in uno strapiombo sopra le grotte era semplicemente impossibile. I soldati sembravano coprire ogni centimetro della collina, avevano occupato tutte le vie di fuga. Quanti erano? Duecento almeno, forse di più. Mano a mano che si avvicinavano alla fattoria, le loro file si ingrossavano di tutti quegli uomini – pochissimi per la verità – e soprattutto delle donne e dei bambini che avevano trovato lungo il cammino.

Due donne, che erano scese fino al mulino per far macinare un sacchetto di grano, riuscirono a scorgerli prima di poter essere viste, perché si erano sporte lungo la curva a gomito del sentiero che dall'alto dominava di almeno cinque tornanti le curve di sotto. Videro i soldati con l'elmetto, la mimetica, i proiettili, la mitragliatrice camminare divisi in due gruppi da quattro uomini ciascuno. Un gruppo più avanti, un altro dieci metri più indietro: tenevano gli occhi bassi e camminavano leggermente curvi. Le due donne, che non avevano trent'anni, si guardarono ma non aprirono bocca. Accanto a loro, una gigantesca radice cava si apriva su quello che sapevano essere un ricovero per gli attrezzi necessari a tenere il sentiero pulito. Ci si infilarono dentro senza parlare, chinando il busto e stendendolo infine tutto a terra, con la pancia sotto – la radice era troppo bassa perché potessero stare almeno sedute –, furono così veloci e leggere che perfino le foglie scricchiolarono il minimo indispensabile. I soldati passarono davanti ai loro occhi coperti dal muschio, dalle cannette e dal fogliame che riparava il ricovero sotto la radice, le donne potevano vedere solo gli stivali, il pugnale dal manico nero che spuntava fuori incidendo il polpaccio destro con una piega netta sulla stoffa, nel punto in cui premeva contro la lama. Vedevano gli stivali e sentivano il fiato dei soldati leggermente affannoso per la salita, e sentivano il rumore della mitragliatrice che batteva ritmica a ogni passo contro la fibbia metallica della cintura. Le donne si guardarono, trattenendo più che potevano il respiro, i volti vicinissimi. Aspettavano: si guardavano e aspettavano. Non riuscivano a muoversi, avevano la sensazione che altri soldati stessero arrivando dopo quei primi due gruppi, e poi altri ancora:

era il bosco a rivelarlo, si levava da ogni lato un fruscio ritmico e sempre più denso e costante di foglie mosse e calpestate. Il tempo passava e il rumore aumentava e le due donne, a tratti, tornavano a intravedere tra il muschio e le foglie e le cannette le suole sparse degli stivali e, poco più su, i pugnali infilati dentro.

Una delle donne aveva lasciato i tre figli alla fattoria di Valla. Nessuno di loro aveva ancora dieci anni. Li aveva lasciati che giocavano sotto al castagno. Giocavano a chi tirava più lontano un guscio di noce. Giocavano e ridevano, mentre lei li aveva salutati con la mano prendendo il sentiero verso il mulino. Sapeva che i tedeschi andavano a Valla, sapeva che non c'era altra direzione possibile per chi attraversava quel sentiero: si arrivava per forza solo e soltanto a Valla. Allora pensò che poteva consegnarsi a quei soldati, tornare dai suoi figli, se lo disse dieci cento volte, mentre stringeva il sacchetto di grano tra le mani, sotto il ventre. Si disse poi che i bambini non li avrebbero certo toccati, perché nessuno tocca i bambini, né le donne né i bambini, ma se ora fosse uscita allo scoperto, se i tedeschi l'avessero uccisa freddandola così sul sentiero, allora i suoi figli sarebbero rimasti orfani. Si disse che non importava, che doveva andare, salire fino a Valla, prendersi i bambini: se si deve morire, meglio morire insieme. Si disse che i suoi figli potevano nascondersi nel bosco dietro la casa, o nella stalla, che erano svelti e veloci e che comunque, comunque i bambini non li toccano, perché nessuno, mai nessuno e nemmeno in guerra, uccide i bambini, e i tedeschi non avevano mai ucciso un bambino, che lei sapesse. Ma i pensieri erano troppi e non riusciva a dargli un ordine. Stringendo tra le mani il sacchetto di grano, guardando la sua compagna con gli occhi pieni di paura e di supplica, iniziò silenziosamente a piangere. Senza parlare, senza muoversi.

Erano le nove passate da poco, era la mattina del 19 agosto 1944.

Palmira, Lea e Angiolina erano tornate dentro la stalla per recuperare i panni e le provviste. Dovevano fare in fretta, avevano appuntamento al mulino di Soliera con Torino e i bambini, come era stato deciso il pomeriggio precedente. L'inquietudine della notte se ne era andata con l'arrivo dell'aurora: la mia bisnonna si muoveva veloce intorno al pagliericcio, un po' curva sullo stretto mezzanino di legno che stava proprio a ridosso del tetto di travi spesse e scure, e riavvolgeva con cura le coperte mentre Angiolina e Lea la aiutavano a tenderle bene per fare meno pieghe possibili. Da sotto, le mucche che non erano state portate al pascolo mandavano un muggito flebile e caldo, che riempiva di un tepore umido l'intera stalla.

La notte era passata, dunque, e insieme alla notte erano passati i suoi incubi più inconfessabili, le sue ombre e tutte le sue insicurezze. La luce, il sole, il caldo di agosto rendevano di nuovo lontano il nemico, come se tutto l'orrore e l'apprensione dei giorni precedenti fossero stati soltanto immaginati.

Veloce, Palmira, veloce. La mia bisnonna, concentrata, ripassava con la mente le cose che avrebbe dovuto fare quel giorno: innanzitutto rivedere i bambini, dare un bacio più forte ad Alfonsino perché il giorno prima lo aveva salutato troppo di fretta, per via delle lacrime che le bucavano gli occhi e per via del fatto che non voleva farsi vedere piangere, e si era detta che mai più si sarebbero divisi, che quello era stato l'errore più grande: dividersi. Mai più.

Non sentì subito le urla, perché si erano confuse con altri suoni, o forse sì, le aveva sentite, ma non le aveva riconosciute, non aveva pensato che quelle urla fossero le stesse – così rauche e violente – che l'avevano terrorizzata a Bardine, quando si era rannicchiata come un ragno sul fondo della cucina, mentre le mitragliatrici dei tedeschi lasciavano sulla porta dei grossi fori da cui passavano insieme la polvere e la luce. Le erano sembrate le urla di un litigio qualunque, come spesso succedeva, mentre i bambini giocavano e anche loro urlavano e sovrapponevano le piccole urla infantili a quelle più dure e secche dei contadini arrabbiati. Ecco, ecco che cosa era stato, ecco perché le aveva confuse: era stato perché si sentiva così protetta dentro la bella luce di quella mattina di agosto, tanto più bella mentre pensava di andare a Soliera. La paura dei soldati si era ormai rarefatta nella sua mente, proprio come fanno gli incubi appena ti svegli: così vivi e spaventosi un attimo prima, così innocui e lontani un attimo dopo. E invece.

E invece le urla, quei suoni tremendi in una lingua sconosciuta che le si erano conficcati nella memoria, avevano coperto in breve ogni altro rumore. Palmira allora aveva smesso di piegare le lenzuola, con la schiena curva e immobile aveva irrigidito le dita strette sui panni, aveva guardato Angiolina che le stava proprio di fronte e che si era bloccata all'improvviso anche lei. Le urla entrarono nella stalla annunciandosi con un calcio sordo alla grande porta di legno a doppio battente: Palmira aveva chiuso gli occhi, strizzandoli fortissimo. Aveva lasciato cadere il lenzuolo di cotone leggero, appena logoro sull'orlo ricucito già per tre volte, si era inginocchiata come se le cedessero le gambe all'improvviso, e inginocchiandosi aveva afferrato la mano di Angiolina, ancora immobile di fronte a lei, fino a farle perdere un poco l'equilibrio. Così le due donne erano cadute insieme sul paglericcio, guardandosi negli occhi e tenendosi le mani. Lea, invece, aveva cacciato un grido, fortissimo, più forte delle urla dei tedeschi. Si era buttata tutta contro un grosso tronco che dal pavimento tagliava in due la stalla, al centro, ancorandosi al tetto, mentre sentiva i soldati, da sotto, tirare le mucche e trascinarle fuori: i muggiti, così placidi e così caldi un attimo prima, erano diventati un lamento denso che usciva direttamente dal loro grande ventre. Un lamento lungo e perpetuo che a Palmira toglieva la voglia di respirare. Adesso tocca a noi.

Non ci avevano pensato, gli uomini e le donne di San Terenzo: di fronte alla fattoria di Valla, in mezzo all'orizzonte ripulito dai boschi, coltivato a viti o lasciato a pascoli, il paese di Canova dominava la vallata. La divisione SS che aveva preso possesso del villaggio, usandolo come campo base per la scuola di addestramento alla battaglia dei sottufficiali, poteva così facilmente controllare tutta la zona intorno e da lì, in linea d'aria, la fattoria si apriva docilmente, vicina e completamente esposta. Dovevano aver visto, le SS comandate dall'*Hauptsturmfürer* Max Paustian, quel viavai incessante – donne, vecchi, bambini – fin dalla sera del 17 agosto. Dovevano aver visto i fuochi accendersi e poi spegnersi nella notte, per riprendere alle prime luci dell'alba, dovevano aver visto e forse udito quei ragazzini – a decine e decine – giocare fino a buio nei campi verdissimi che procedevano in lenti pendii fino ai bordi del bosco di castagne, sotto cui si nascondeva il mormorio del torrente Bardine. I soldati erano arrivati, dunque, a colpo sicuro, organizzati in squadre abbastanza numerose da garantire che nessuno potesse sfuggire.

Oggi, osservando Canova e la valle intorno, osservando la nuda traiettoria di paesaggio libera da ostacoli, sembra così evidente l'errore di quelle famiglie che pensando di sfuggire al nemico gli si erano invece consegnate nelle mani.

Così ho provato a immaginare, a intrecciare i racconti e le memorie e le letture che mi si erano sovrapposti nella testa, le carte delle inchieste, le testimonianze dei sopravvissuti. Ho provato a immaginare i soldati che, arrivando da ogni parte, circondavano la fattoria: la casa padronale, la colonica dei Cecchini, la stalla. Ho provato a immaginare la mia bisnonna, Angiolina e la Lea trascinate fuori dalla stalla a forza, insieme a tutti gli altri: le ginocchia di Palmira che tremavano, lo stomaco che le si torceva per la paura. A Valla c'erano più di cento persone. Le riunirono, all'inizio, nel campo che si apriva davanti al vecchio castagno, lì dove per primi i bambini avevano visto arrivare i soldati, che li avevano accerchiati e spinti per radunarli tutti insieme. Erano soli, senza le madri, avevano iniziato a piangere, solo Clara non piangeva, si stringeva forte ai fianchi Pietro e la piccola Rita, che aveva tre anni e i piedini scalzi, e urlava e urlava, così Clara a un certo punto le aveva messo una mano davanti alla bocca, perché non urlasse troppo forte. Poi erano arrivate le donne: da dove le avevano prese? Lungo i sentieri, nei campi intorno alla fattoria, nella stalla, dentro la casa.

Alba Terenzoni e la sua piccola Adelitta stavano sul ciglio di un sentiero, a quaranta passi dalla stalla. Alba si era fermata per accendere un fuoco, voleva scaldare qualcosa da mangiare per la bambina, che non aveva ancora tre anni e da tutta la mattina si lamentava per la fame. Fu lei, Adelitta, che vide arrivare il soldato e iniziò a strillare mentre quello gridava parole incomprensibili contro di loro: l'aveva presa per un braccio, la strattonava. Alba aveva sollevato Adelitta, se l'era stretta al petto barcollando: mentre il soldato la spingeva con il calcio del fucile che aveva a tracolla, premendoglielo sulla spina dorsale, Alba aveva iniziato a camminare a passi incerti lungo il sentiero, incespicando e tremando, e diceva «zitta, zitta, *shhh*, *shhh*», alla sua bambina. Quando erano arrivate sotto al castagno, insieme a tutte quelle persone già radunate, Alba aveva capito che cosa sarebbe accaduto, tutto le era stato finalmente chiaro, e allora aveva iniziato a piangere, ma senza fare rumore.

Le madri si erano messe insieme, l'una accanto all'altra, ritrovando i loro figli nella calca, tenendoseli stretti come chiocce. Alba vide a un certo punto la moglie dell'oste, l'Oligeri, che si teneva intorno i suoi, di figli: erano cinque, il più grande, Romano, aveva già l'aria di un giovanotto, ma piangeva anche lui, tirando forte su col naso; la più piccola invece aveva l'età della sua Adelitta e come lei strillava tra le braccia grandi e forti della mamma.

«Siamo di San Terenzo» diceva adesso un uomo con la voce che gli uscì un poco stridula – era il padre di Clara, giovane e robusto, le maniche della camicia sporche di terra arrotolate fino agli avambracci – e poi: «Noi con Bardine non c'entriamo nulla, con quello che è successo a

Bardine... siamo di San Terenzo, non di Bardine, di San Terenzo». Si era avvicinato a una SS, rigida con l'elmetto calato sugli occhi, la *Maschinenpistole* stretta lungo il fianco, lo sguardo fermo di fronte a lui, in attesa di ordini. Sembrava non ascoltarlo neppure. Quando l'uomo si fece troppo vicino, gli tirò un colpo sullo sterno con il calcio della mitragliatrice, lui cadde ripiegandosi tutto per il dolore e quella che doveva essere la moglie lo coprì con il suo corpo, sganciandosi di scatto dal gruppo delle altre donne. Loro, le altre donne, alzando gli occhi videro un soldato in fondo al gruppo di tutti quei soldati – quanti erano? Duecento, forse di più – prendere la *Maschinenpistole*, tenderla di fronte, mirare a quello che sembrava essere solo un punto imprecisato nel vuoto, sparare. La raffica arrivò sorda rompendo i pianti e le grida che si chiusero nel silenzio, e un uomo – un vecchio con le spalle curve ma ancora larghe e forti – cadde senza fare rumore proprio sul ciglio della grande casa colonica, tutta bianca con le imposte e la porta tinteggiate di verde: cadde bocconi con la faccia che si schiantò sul primo gradino dell'ingresso. Allora le donne coprirono gli occhi ai bambini che tenevano in braccio, cacciando un grido altissimo nella valle.

C'era una SS che non portava la mimetica ma una lustra divisa da ufficiale: afferrò con la mano destra la canna della *Maschinenpistole* del soldato che aveva appena sparato, una presa forte, brusca, che quasi lo spinse a terra. «*Hör auf, lass das sein*», fermati, lascia stare.

Il tono era calmo, freddo, sembrava perfino rilassato. Il sole del mattino saliva lentamente intorno alla valle: non erano ancora le dieci. L'ufficiale si schiarì la voce: «Ascoltate». Parlava un italiano accidentato dalle consonanti dure della sua lingua. «Ascoltatemi bene. Non vi facciamo niente se non scappate. Non scappate, capito? Seguite gli ordini, avete capito? Seguite gli ordini e non vi facciamo niente.»

Un bambino molto piccolo – non poteva avere più di due anni – continuava a strillare in braccio alla mamma che provava inutilmente a calmarlo, ora premendogli tutto il viso sul collo, ora cullandolo con fatica tra le braccia troppo magre. L'ufficiale gli si fece vicino, la donna sussultò, cacciando un sospiro che si tramutò in un grido lieve. «*Shhh*» fece l'ufficiale, e accarezzò appena la testa del bambino, che subito strillò ancora più forte. Poi, rivolto alla donna: «Fallo-stare-zitto».

Una musica si era alzata dal fondo dei soldati schierati. Arrivava da un punto in ombra del pascolo, era la musica di un organetto. Un organetto aveva preso a suonare e suonava un ritmo cadenzato e allegro: il suono si riproduceva attraverso la valle rimandando un'eco che faceva vibrare la campagna silenziosa. Era uno scherzo? Sì, era uno scherzo certamente, tutto doveva essere per forza uno scherzo. Forse quei soldati volevano solo fare paura, forse non li avrebbero ammazzati se stavano davvero tutti buoni, se davvero tutti rispettavano gli ordini, perché nessuno ammazza donne e bambini, nessuno, e lì era pieno di donne e bambini, c'erano praticamente solo donne e bambini. Forse quei soldati volevano solo spaventarli, come a dire: ecco cosa succede se non rispettate le regole. Una bella lezione prima di rimandarli tutti a casa. Forse.

Palmira, trascinata nella calca, spinta fuori dalla stalla tra le urla dei soldati che le premevano ora sul petto ora sulla schiena le canne lunghe delle *Maschinenpistolen*, si era ritrovata quasi contro il castagno, con una mano teneva stretta quella di Angiolina, sempre accanto a lei. La Lea, dov'era la Lea? Non riusciva più a vederla nella calca. Vedeva i bambini, tutti quei bambini intorno: li conosceva uno per uno, eppure non riusciva a riconoscerne nessuno. I loro volti si confondevano, le loro braccia e le loro gambe si sovrapponevano alle canne delle mitragliatrici.

L'organetto cominciò a suonare e gli uomini, le donne, i bambini che fino a quel momento avevano pianto e strillato, le vecchie che stringevano al petto il rosario o lo tenevano forte con le dita nelle tasche dei vestiti, si immobilizzarono. I soldati, tutti insieme, presero a intonare un coro di parole che gli italiani non comprendevano. Allora gli italiani si guardarono tra loro, per cercarsi e riconoscersi come aveva provato a fare poco prima Palmira con la Lea, e per trovare una risposta a quella musica e a quei canti. Ma i loro sguardi erano vuoti.

L'ufficiale, che stava ancora a un passo dalla madre con il bambino in lacrime, gridò: «*Marschieren*, in marcia!». I soldati, continuando a cantare, si fecero attorno a quella massa disperata. «*Marschieren, marschieren.*» E spingevano quei vecchi, quelle donne, quei bambini con i calci delle loro *Maschinenpistolen*, fino a formare una strana fila scomposta. «*Marschieren.*» I vecchi, le donne, i bambini iniziarono a camminare sotto il sole, lungo il sentiero che si lasciava alle spalle la fattoria, verso San Terenzo. «*Marschieren, marschieren.*» L'organetto continuava a suonare, i bambini non piangevano più. Adesso marciavano, una marcia sconnessa, goffa e zoppicante: erano più di cento persone, circondate da oltre duecento soldati, nella luce frammentata dalle foglie dei castagni. «*Marschieren.*»

13

Mario Oligeri aveva appoggiato la schiena contro la porta chiusa a doppia mandata. Respirava con l'affanno della paura. Pensò a sua moglie e ai suoi figli, non li vedeva dal giorno prima, quando avevano preso le poche cose utili per passare la notte ed erano scappati a Valla. Hanno fatto bene, pensava adesso con un sollievo che non riusciva a calmargli il tremore delle gambe, Anna ha fatto bene ad andare... aveva ragione lei.

Alle sue spalle, oltre la porta chiusa, il rombo sordo dei motori continuava ad assorbire ogni altro rumore. Una lunga colonna di camionette tedesche procedeva lungo la provinciale, una fila ininterrotta di militari con le divise mimetiche e le mitragliatrici ben ancorate sulle spalle.

Un attimo prima, quando aveva sentito quel rombo farsi via via più pressante dal fondo della strada, Oligeri era uscito dall'emporio e aveva percorso con circospezione i pochi passi che lo dividevano dalla provinciale, lungo il vicolo di sasso spesso su cui si affacciava il suo negozio. Aveva visto quella colonna che gli pareva infinita e poi, al centro, almeno cinquanta uomini in maniche di camicia caricati su un camion dal cassone scoperto: dovevano essere tutti italiani, stavano stretti e un po' curvi l'uno accanto all'altro, con le mani legate. Il camion procedeva lento, come se volesse essere visto, mostrarsi ai pochissimi rimasti in paese che adesso, insieme a Oligeri, lo stavano osservando, muti e immobili. Mentre gli passava di fronte, l'oste aveva incrociato gli occhi di uno degli uomini, non poteva avere più di vent'anni, teneva la mascella così stretta da stravolgergli tutti i lineamenti. E Oligeri aveva pensato che dentro quegli occhi si leggeva la morte: così disperati da non avere quasi più colore, così supplichevoli e impotenti che alla fine non aveva resistito più di un paio di secondi e poi, come preso dalla furia di una rivelazione, si era girato di scatto, era corso verso l'emporio e aveva sprangato la porta.

Al piano di sopra, suo fratello Roberto era tormentato da una febbre estiva che gli impediva di muoversi dal letto. Mario sentiva che lo chiamava, chiedeva, voleva sapere ma lui non osava rispondere, non osava fiatare. Pensava alla moglie e ai figli e poi agli occhi pieni di morte di quel giovane. Scendevano verso Bardine gli uomini con le mani legate, scendevano sul camion lentissimo verso il luogo in cui i sedici tedeschi erano stati uccisi un paio di giorni prima.

Per fortuna è andata a Valla, per fortuna... Per fortuna non l'ho fermata, pensava Oligeri, così intensamente che i pensieri si erano tramutati in un mormorio. Poi sentì dei colpi violenti contro la porta alle sue spalle. Sobbalzò. I pensieri si cancellarono e la sua mente divenne grigia di nebbia.

«Chi è?» disse come se non fosse lui a parlare.

Non arrivò risposta, ma i colpi continuarono. A quel punto, non sapendo che altro fare, Mario Oligeri aprì. Di fronte si trovò un uomo che lo superava in altezza di almeno una spanna, aveva la divisa da ufficiale delle SS, non indossava il cappello, teneva i capelli lisci riportati con un'onda ampia sulla fronte, stava rigido e impettito, il busto largo e atletico, lo sguardo di un azzurro pieno e intenso, la manica sinistra della giacca che cadeva vuota lungo il fianco. Teneva la mano destra infilata tra i bottoni della giacca. Accanto a lui c'erano due uomini, il primo sempre in divisa da ufficiale, il secondo in mimetica. Oligeri li guardava senza parlare, ed era così impressionato e sconvolto che per contraccolpo sentì il tremore nelle gambe sparire, sentì tutto il suo essere tornare vigile.

«Tu sei l'oste» disse l'ufficiale a cui mancava un braccio, guardandolo dritto negli occhi. Oligeri annuì.

«Abbiamo bisogno di mangiare, siamo in sei.» Il tono era fermo, la voce pulita e con un accento marcato, parlava un italiano quasi impeccabile.

«Io non so come aiutarvi.» Mario Oligeri rispose lentamente, perché voleva assimilare il senso esatto delle parole dell'uomo che gli stava di fronte. «Non ho abbastanza cibo qui e...»

«Non sei l'oste?»

«Sì, sono io.»

«E allora noi dobbiamo mangiare. Torniamo a mezzogiorno. Siamo sei.»

L'ufficiale gli aveva voltato le spalle e si era incamminato lungo il vicolo, senza lasciargli il tempo di replicare. Nel muoversi la sua manica sinistra, completamente vuota, aveva fatto una specie di piroetta nell'aria. Oligeri era rimasto a fissarla con gli occhi spalancati, mentre anche l'altro ufficiale seguiva adesso l'uomo con lo sguardo azzurro e l'italiano quasi perfetto: il Monco. Ne aveva sentito parlare, Oligeri, di quel nazista senza un braccio, da qualcuno degli sfollati in paese. Il Monco – come lo chiamavano tutti – aveva combattuto nell'Est, stava di stanza a Carrara. Era, dicevano, un uomo feroce. Ma quella mattina Mario Oligeri non aveva avuto la stessa impressione di spietatezza che forse avrebbe dovuto o voluto sentire. Era piuttosto l'uomo in mimetica, rimasto solo davanti a lui con la mitragliatrice in spalla e la fronte coperta dall'elmetto, a mettergli molta più inquietudine. Anche lui parlava italiano ma in un modo stentato e faticoso, aiutandosi con le mani mentre ordinava che cosa volevano mangiare a mezzogiorno, senza dare altre spiegazioni né attendere alcuna risposta: «Un pollo, uno a testa. Patate. Vino. Vermouth». Oligeri annotava nella mente quelle richieste senza sapere dove avrebbe trovato abbastanza cibo, ma se una possibilità aveva di salvarsi era eseguire gli ordini. Aveva davvero alternative?

Il soldato lo lasciò solo sul ciglio della porta aperta e prese il vicolo che pochi metri dopo si riuniva alla provinciale. Il rombo dei camion continuava incessante e via via più flebile: anche l'ultimo mezzo doveva avere ormai superato l'ansa che chiudeva il paese.

Un pollo. Un pollo a testa. Patate. Vino. Aveva bisogno di aiuto, non ce l'avrebbe mai fatta da solo. Sua moglie, i suoi figli. Per fortuna erano andati a Valla, per fortuna non li aveva fermati. Lì erano al sicuro: Anna aveva avuto ragione a insistere tanto, lui a volte aveva la testa dura, si impuntava sulle cose e sulle idee, sua moglie del resto glielo diceva sempre: «La prendi troppo di petto». Che cosa? Tutto, la vita. Il male come il bene.

Un pollo. Un pollo a testa. Patate. Vino. In paese era rimasta Adalgisa, la cara Adalgisa. La conosceva da quando era bambino. Era sempre stata più che una collaboratrice, quasi una di famiglia. Non erano ancora le dieci. Aveva solo due ore. Due ore erano poche. Devo andare dall'Adalgisa, si diceva Oligeri, mentre suo fratello Roberto continuava a chiamarlo dal piano di sopra.

In fondo al vicolo che tagliava in due la provinciale, don Michele Rabino attraversava la piazza della chiesa tenendo per mano Maria. La bambina non camminava davvero: si trascinava come se non avesse forza nelle gambe, facendosi guidare senza opporre resistenza dalle mani larghe e calde di don Michele. Aveva passato le ultime ore come avvolta dentro un lungo sogno. Nelle due notti precedenti, mentre le palpebre le si richiudevano stremate sopra gli occhi, si risvegliava spesso con la sensazione di sentire ancora, intorno a lei, l'acqua fredda della pozza nel campo: la vedeva prima nera e poi completamente rossa, e in quel torpore che non la lasciava mai sentiva i girini che le mangiavano le gambe con le loro minuscole bocche guizzanti. Allora riapriva gli occhi, e insieme agli occhi anche la bocca, come se volesse urlare qualcosa, ma non riusciva a cacciare nessun suono, e infine si rimetteva china sul letto arricciando il mento contro il cuscino.

Non aveva praticamente più parlato dalla sera di giovedì, da quando aveva visto i soldati che ammazzavano suo padre e sua madre, ammazzavano le pecore, incendiavano la casa. Don Michele si era sforzato di farle mangiare qualcosa, ma lei non voleva saperne. Quella mattina si era buttata in bocca due cucchiaiate di latte nella cucina della canonica e un violento conato di vomito l'aveva scossa tutta, così don Michele aveva messo via la tazza, le aveva accarezzato la testa e poi le aveva detto: «Vieni, Maria, vieni con me adesso, aiutami a sistemare i conigli».

La bambina si era lasciata prendere la mano dal prete e lo aveva seguito attraverso la piazza della chiesa inondata di sole, fuori dalla canonica, verso la piccola rimessa di legno che si apriva proprio di fronte. Nella rimessa la luce filtrava a lamelle sottili attraverso gli spazi tra le assi di legno un po' sconnesse che rivestivano le conigliere. Entrando, don Michele aveva lasciato aperta la porta, Maria si era affacciata sul rettangolo luminoso e oblungo che si era disegnato contro il pavimento di sasso scuro, mezzo coperto di terriccio e di paglia. Gli animali soffiavano forte muovendo i piccoli musi dagli occhi immobili e dolci, i nasi paffuti e neri, e non appena videro don Rabino mandarono dei suoni leggeri attraverso le grate delle gabbie, facendo vibrare insieme i baffi e il pelo folto delle loro pellicce nere, bianche e brunite. La bambina allora si avvicinò e allungò la mano contro il muso palpitante di un coniglio che sembrava più piccolo degli altri, con il pelo quasi biondo, e il coniglio iniziò ad ansimarci sopra fintanto che lei sentì quel punto al centro del palmo tutto umido e caldo. Non piangeva, ma gli occhi le erano rimasti rossi, guardò il coniglio e poi guardò don Michele che con il corpo coperto dall'ampia tonaca nera creava un'ombra fresca accanto a lei.

Il prete la fissava con gli occhi inteneriti, scuotendo appena la testa. «Guarda, Maria, aiutami, vieni qui» e si avvicinò a un cassone pieno di paglia accanto alle gabbie. «Aiutami a dargli da mangiare.» Don Michele si era piegato sulle ginocchia, facendo presa sui calcagni per reggere il peso del bacino: prendeva la paglia dal cassone di legno e la passava alla piccola che la metteva dentro le gabbie. «Così, brava, spingila un po' più dentro. Hai paura?»

«No» disse a quel punto Maria, e avrebbe voluto aggiungere che a casa lo faceva sempre, era lei che dava da mangiare ai conigli e le piaceva tanto farlo, ma mentre le parole le stavano già sul filo delle labbra si trattenne e al loro posto tirò fuori un respiro lungo, abbassò gli occhi e continuò a sistemare la paglia dentro le gabbie, senza aggiungere altro.

Poi successe questo: Maria sentì che il sole che le scaldava la schiena attraverso il quadrato di luce lasciato dalla porta aperta era sparito, insieme a quel tepore che le faceva sentire le spalle come avvolte da una coperta. La rimessa si era fatta all'improvviso buia. Presa dall'inquietudine, spostò gli occhi – non la testa, solo gli occhi – verso don Michele, ma lui sembrava non essersi accorto di nulla, continuava a rimestare con la mano destra nella paglia, la manica della tonaca arrotolata un po' confusamente fin sopra il gomito, allora Maria girò la testa e una parte delle spalle restando in equilibrio sulle punte dei piedi: vide l'ombra di due soldati, con le mimetiche e l'elmetto, dritti e muti sulla porta della rimessa. Non poteva vederne lo sguardo, oscurato dagli elmetti ben calzati sulla fronte, ma vedeva la pistola dalla canna lunga che uno dei due reggeva forte nella mano destra. La bambina, che restava nel cono d'ombra accanto alle gabbie, non disse nulla ma iniziò a tremare, don Rabino allora fermò la mano dentro la paglia del cassone, la guardò con la coda dell'occhio e le sussurrò, soltanto: «Allontanati». Lei rimase immobile, mentre il prete stava sempre girato con la faccia verso il muro e la schiena alla porta.

«Prete.» Era uno dei soldati a parlare, quello con la pistola in pugno. Maria fece un mezzo passo alla sua destra, spingendosi ancora di più nel cono d'ombra tra la gabbia e il muro. Don Michele non si era mosso, ma le sue ginocchia piegate vacillarono appena e cedettero, fissandosi al suolo. «Prete» disse di nuovo il soldato. Allora il prete si alzò in piedi, lentamente, appoggiando le mani sul cassone. Si voltò, e mentre si voltava mormorò tra le labbra «diosialodato», in un unico respiro. Don Rabino si trovò faccia a faccia con i due soldati, a meno di due metri da loro: lo fissavano dal ciglio della porta fermando la luce che dalla piazza filtrava in rivoli violenti oltre le loro spalle. Il soldato che reggeva la pistola allungò il braccio e puntò l'arma dritta contro il prete, con estrema calma: non aveva fretta di sparare. Don Rabino sembrava che lo stesse aspettando, manteneva lo sguardo alto e fermo, senza dire nulla perché in fondo non c'era nulla da dire, gli era rimasto appena il tempo di avvicinare le braccia al petto, sopra la grossa croce che pendeva tra i bottoni della tonaca. Il soldato sparò un solo colpo, in silenzio, il colpo si piantò al centro del petto, tra quelle braccia incrociate. Il prete cadde all'indietro, flettendo le gambe come se dentro non avesse più le ossa, il corpo disarticolato dalla forza del proiettile fece come un sussulto, sembrava una foglia dentro uno spostamento d'aria improvviso, e infine toccò terra schiantando le spalle sul pavimento accanto al cassone. Maria sentì il tonfo e vide una nuvola di terra finissima e di paglericcio alzarsi nell'aria. Chiuse gli occhi: tocca a me, pensava. Ora tocca a me. Non provò a fuggire, non provò nemmeno a muoversi. Aspettò con gli occhi chiusi nella penombra calma della rimessa: il silenzio restò intatto per molto tempo, e quando Maria sentì di nuovo il soffiare calmo dei conigli, riaprì finalmente gli occhi, con uno sforzo che non aveva mai provato prima in vita sua. In un secondo vide che i soldati erano spariti senza fare rumore, proprio come erano arrivati, e in un altro secondo si tolse dai piedi i suoi zoccoli di legno, salì sul cassone che si affacciava su un'alta finestrella coperta da una grata: non guardò don Michele sotto di lei. Aprì la grata e si intrufolò attraverso quel pertugio strusciando la pelle contro il legno grezzo e i chiodi di ferro che fissavano le ante della finestra. Stringendo le spalle e incassando la testa, sgusciò col busto magrissimo oltre le ante, aiutandosi con le mani e coi gomiti si sporse fino a che le anche furono fuori dalla finestrella, poi piantando i palmi sulle assi di legno si lasciò scivolare dall'alto sopra un cespuglio di bosso selvatico: ruzzolò, si rialzò. Non sentiva il bruciore dei graffi che le facevano sanguinare lievemente le mani, le braccia, la pancia, le ginocchia. Allora, senza guardarsi intorno, senza piangere né urlare né cercare aiuto, cominciò a correre, correre, correre, e non sapeva nemmeno lei da quale parte stesse andando, se fosse bosco o se fossero case quelle ombre che la circondavano.

Mario Oligeri aveva ancora un'ora di tempo prima di mezzogiorno. Nella cucina dell'osteria si davano da fare in tre: lui, la vecchia Adalgisa ed Emma, una ragazza del paese che aveva poco più di vent'anni e che dava una mano quando c'era bisogno. Tutto, fuori, era silenzioso come se fosse notte. Sembrava che i tedeschi se ne fossero andati, sembrava che se ne fossero andati per sempre. «Forse sono in ritirata» diceva Adalgisa a Emma preparando gli spiedi con i sei polli, uno per ogni ufficiale, come era stato ordinato.

«Forse sono in ritirata e fanno una sosta qui prima di ripartire, altrimenti come te le spieghi tutte quelle camionette di stamattina? E quegli uomini, quei prigionieri... Poveri disgraziati.»

«Li portano ai campi di lavoro in Germania» replicava Emma, ungendo e rigirando con le piccole mani rotonde le patate da mettere nella teglia. E poi: «In queste patate ci metterei il veleno».

«Buona, buona adesso... Quei poveri disgraziati, certo... Che facce che avevano. Li hai visti, eh? Poveracci.»

Mario Oligeri le ascoltava e non parlava. Guardava attraverso i vetri socchiusi e lievemente appannati della grande finestra che si affacciava sul cortile interno, proprio sopra la macelleria. Gli tornavano alla mente gli occhi di quel ragazzo che lo fissava dalla camionetta. Li portano a Bardine e li ammazzano, altro che Germania. L'oste si ripeteva a mente la legge dei nazisti: dieci italiani per ogni tedesco ammazzato. Ma i conti non tornavano: i soldati uccisi a Bardine, gli avevano detto, erano quasi una ventina e su quel camion non c'erano più di cinquanta persone. Forse ammazzeranno anche me dopo che gli avrò dato da mangiare, e subito rimuoveva quel pensiero. Scappare? Era impossibile. I camion se ne erano andati, sì, ma i soldati non avevano lasciato davvero San Terenzo: presidiavano in piccoli gruppi armati tutti gli accessi del paese. Però qui da noi non hanno preso nessuno, si diceva, nessuno che io sappia. Gli si contorceva lo stomaco.

«Signor Mario, vanno bene così?» Adalgisa stava spennellando gli spiedi con dell'olio. Poco.

«Vanno bene come vengono» rispose Oligeri senza guardare. Si sentì pieno di malinconica tenerezza per quella donna, per la sua dedizione fedele anche in un momento simile. Sentiva la stessa tenerezza di quando era bambino e lei gli allungava un bicchiere di vino di nascosto dai suoi genitori.

Procurarsi tutti quei polli insieme, e in così poco tempo, era stato un mezzo miracolo. La carne si trovava con difficoltà da quando c'era la guerra, e dall'occupazione aveva perso i fornitori abituali. Per di più, quella mattina quasi tutti i suoi vicini erano scappati a nascondersi, sprangando bene case, rimesse, stalle, orti.

«Sbrighiamoci adesso. L'importante è non farli aspettare quando arrivano, l'importante è tenerli buoni il più possibile.»

Oligeri sentiva l'angoscia che gli saliva a chiudere la gola. Devo mantenere la calma. Adalgisa ed Emma sembravano molto più tranquille di lui, ma forse erano solo più inconsapevoli, o più pragmatiche: c'era un lavoro da fare e dovevano farlo come sapevano.

Le undici e trenta.

Oligeri uscì dalla cucina: passò nella grande stanza rettangolare dove il tavolo era già apparecchiato per sei. Un tavolo di legno massiccio, un bel noce che aveva sempre visto da quando aveva memoria. Su quel tavolo aveva studiato, giocato, lavorato. Su quel tavolo lui, i suoi genitori, suo fratello, e poi sua moglie e i suoi figli avevano servito tutti i clienti. Ci stavano sedute comode dodici persone, tanto era grande: un unico gigantesco ripiano di massello lucido, con venature e nodi di corteccia quasi neri che intarsiavano tutta la superficie. La luce in quel punto, a quell'ora del mattino, arrivava limpida e calda in fasci obliqui. Oligeri si sedette. Appoggiò i gomiti sul legno così familiare, poi posò la fronte su entrambi i palmi aperti, fece scorrere le dita fra i capelli ancora neri e forti. Pensava di nuovo a sua moglie e ai suoi figli, al sicuro nella fattoria di Valla. Se fossero stati lì con lui, adesso, se avesse insistito perché Anna restasse, non se lo sarebbe mai perdonato. Dio Signore ti prego, ti prego, ti prego, fa' che vada tutto bene. Dio Signore ti prego.

Il rumore di un motore in lontananza gli fece tremare la spina dorsale, come se una lama gelida gli avesse sfiorato la pelle. I commensali erano in anticipo.

Erano le undici e trenta passate da poco, era la mattina del 19 agosto 1944.

Il camion si fermò davanti alla casa della mia bisnonna, seguito subito dopo da un autocarro più piccolo, col cassone coperto, da cui scesero una ventina di SS in mimetica. I soldati si muovevano rapidi, seguendo la scarna coreografia di ordini precisi e brevi: erano già stati istruiti su cosa avrebbero dovuto fare. Non restava che eseguire.

Dal camion più grande, senza copertura, i cinquantatré prigionieri italiani li guardavano: nessuno di loro aveva parlato durante il lungo viaggio di quella mattina. Nessuno di loro aveva provato a buttarsi giù dal camion per assicurarsi una morte almeno rapida: la rassegnazione era ormai più forte perfino della sofferenza. Li avevano rastrellati una settimana prima nella zona di Valdicastello, vicino a Sant'Anna di Stazzema. Li avevano tenuti prigionieri a Nozzano, ammassati dentro una cella con poca luce, pestati a più riprese nel silenzio del carcere. Molti di loro erano stati seviziati a lungo nei giorni e nelle notti della prigionia, portavano i segni delle torture sui volti tumefatti, sulle schiene e sui petti ripiegati e contratti per le piaghe.

Le SS si guardavano intorno. Un ufficiale indicò ai suoi uomini il punto stabilito: sotto la casa di Palmira, il torrente Bardine si chiudeva in una curva a gomito, delimitata da uno sterrato che proseguiva fino a Fosdinovo.

Di fronte, il campo di granturco faceva fremere la sua distesa dorata a ogni accenno di vento. Il sole era già caldissimo. Sul greto del torrente, la carcassa di lamiere annerite della camionetta tedesca incendiata dai partigiani due giorni prima sembrava ribollire sotto i raggi a picco. Per terra, tra le rocce bianche, e poi più su, verso il pendio coltivato a viti, i segni della battaglia erano ancora ben visibili: tralci divelti, scarti di cartucce, gli avvallamenti innaturali sul terreno friabile della collina lì dove erano esplose le bombe a mano, pezzi di indumenti bruciati e una carcassa di pecora proprio accanto alla camionetta.

Al cenno dell'ufficiale, una SS fece scattare la sicura del cassone, che si aprì con uno stridore metallico. I soldati iniziarono a far scendere gli uomini, strattonandoli e tirandoli per gli indumenti, colpendoli di forza sugli stinchi o sul petto o sulla schiena con il calcio delle loro *Maschinenpistolen*. Un uomo sulla cinquantina, mentre provava a saltare dalla camionetta con le mani legate, perse l'equilibrio e cadde a terra accasciandosi sulle ginocchia. Una SS gli si fece immediatamente addosso e iniziò a prenderlo a calci sullo stomaco fino a che l'uomo non rotolò su un fianco. A quel punto, insieme a un altro soldato, lo rimisero in piedi tirandolo su per il collo logoro della camicia scura di polvere, di sudore e di quello che doveva essere sangue rappreso, e lo ributtarono nel mucchio.

Mentre la massa esausta di uomini raggiungeva il greto del torrente, arrivò un altro autocarro pieno di SS. Servivano rinforzi perché i prigionieri erano troppi, il caldo terribile, il lavoro da fare particolarmente lungo, difficile, faticoso.

I soldati presero gli uomini a gruppi di due o tre. I primi li portarono sulle piane coltivate a vite. Iniziarono a slegare e poi a tagliare il filo di ferro intorno ai tralci: ci vollero diversi minuti perché il filo fosse sufficientemente lungo. Un'altra SS portò dall'autocarro ulteriore filo, questa volta spinato. I prigionieri avevano le mani legate dietro la schiena e stavano un po' curvi dentro le spalle. Due soldati presero un uomo, un ragazzo per la verità: era molto giovane, il più giovane di tutti. Si chiamava Sauro Bertelloni, aveva diciannove anni, ma tutto magro e ripiegato com'era ne dimostrava non più di quindici. Lo tenevano per le braccia, lo misero contro uno stretto paletto di legno che serviva per sorreggere i tralci. Cominciarono a prenderlo a calci dietro le gambe, finché il ragazzo, con le ginocchia piegate, assunse una posizione innaturale, lievemente contratta, e anche se era più alto del paletto di almeno due palmi aveva la testa completamente sotto la cima del legno. A quel punto una SS gli si fece dietro, gli legò il collo ben stretto con il filo di ferro fino a che non iniziò a diventare rosso e poi bluastro nel punto il cui il filo premeva, e infine iniziò a sanguinare lievemente. Quando fu legato, il soldato che lo aveva tenuto fermo gli diede un colpo all'altezza dello sterno, con la canna del fucile mitragliatore. Il ragazzo fece una sorta di sibilo, non era un vero lamento, non aveva abbastanza fiato: era un sibilo rauco e profondo che sembrava gli uscisse direttamente dallo stomaco. Guardava i soldati coi suoi grandi occhi vuoti: non c'era supplica, non c'era orrore, non c'era paura. C'era solo il dolore feroce e sordo che la sua voce non sapeva più dire. Lo lasciarono lì, con i piedi che tremavano nel tentativo di sorreggere le ginocchia, mentre cercava di afferrare il paletto per tenersi su, ma aveva le mani legate e non riusciva ad avvicinarsi abbastanza e a fare presa, e la pelle intorno alle unghie, a forza di graffiare alla cieca quel legno, aveva iniziato a sanguinare.

Le SS continuarono così, un prigioniero dopo l'altro, un paletto dopo l'altro, fino a che l'intero filare di viti fu riempito di uomini ripiegati e legati al collo. Terminato il filo di ferro, iniziarono a usare il filo spinato. Quando non ci furono più paletti disponibili, provarono a servirsi direttamente dei tralci, ma erano troppo leggeri e il peso dei corpi li trascinava giù. Allora, risalendo il pendio, scelsero l'albero di mele che si trovava nell'orto della mia bisnonna, e una siepe spessa e nodosa che delimitava la strada: alla siepe furono impiccati tre uomini. Altri due li legarono per il collo al cancello di ferro di una capannetta che il mio bisnonno usava come rimessa per gli attrezzi.

Gli ultimi quattro prigionieri, che avevano assistito per quel tempo interminabile all'impiccagione di quarantanove uomini, furono legati alla lamiera bollente del camion incendiato nello scontro del 17 agosto: due al parafango davanti, gli ultimi due al cassone dietro.

Ci vollero quasi due ore per finire tutto. Le SS si erano dovute dare il cambio in più turni per portare a termine il lavoro. Dopo due ore i prigionieri erano agonizzanti ma ancora quasi tutti vivi. Dalle viti lungo il pendio si levava il coro sommesso di rantoli sempre più flebili: era troppo il tempo che ci voleva per morire. Il sole faceva bollire la pelle e le ferite. Le mosche avevano preso d'assedio quei corpi sfiniti, incapaci di scacciarle. L'odore era già diventato insopportabile.

I soldati attendevano un nuovo ordine. C'era chi, per passare il tempo, menava calci a caso sulle pance o sulle gambe dei prigionieri, ma la maggior parte aveva troppo caldo e troppa fame, aspettava solo che arrivasse il via libera definitivo all'esecuzione. Qualcuno si era infilato nel campo di granturco per vomitare.

Gli ufficiali erano sette, non sei come era stato detto la mattina. Oligeri li vide arrivare dal fondo della strada, attraverso la finestra dell'osteria. Procedevano affiancati in due gruppi distinti: tre davanti, quattro dietro. Il Monco, l'ufficiale senza un braccio con cui aveva parlato poche ore prima, stava nel primo gruppo, un po' distaccato dagli altri due. Almeno una quindicina di SS in mimetica li seguiva a poca distanza.

L'oste corse in cucina, aprì la porta. Trovò Adalgisa intorno allo spiedo. «Sono sette.»

«Chi?»

«Gli ufficiali... sono sette.»

«Dovevano essere sei.»

«Invece sono sette.»

«E ora come facciamo?»

«Non saprei.»

«Metto su un po' di pasta» disse la donna fregandosi le mani contro il grembiule, le guance sudate e paonazze, «ma ci vorrà tempo.»

«Ci penso io» fece a quel punto Oligeri, fermo sullo stipite della porta. «Prendo tempo io.»

L'oste scese nell'emporio, prese i salami che era riuscito a nascondere agli ultimi saccheggi delle SS: li teneva nel doppiofondo di un armadio a muro. Prese del pane fresco, era un miracolo avercelo. Prese del vino bianco, freddo. Un'annata buona. Si fece aiutare da Emma a portare le cose di sopra. I nazisti erano già nel cortile e quando uscì dall'emporio se li trovò di fronte. Il Monco adesso stava un passo dietro agli altri, nella penombra della volta di sasso, vicino alle scale che salivano all'osteria. Come vide Oligeri spostò appena il peso sulla gamba destra e la luce illuminò la sua faccia squadrata: «Ci siamo».

«Di qua, di qua. Seguitemi.» Oligeri guidò i sette ufficiali attraverso la scala esterna di sasso grigio che portava a un ballatoio stretto, al primo piano: da lì si apriva la porta che immetteva direttamente nella sala dell'osteria.

I soldati che erano rimasti nel cortile, senza attendere ulteriori ordini o segnali dall'alto, entrarono alla spicciolata dentro l'emporio e nella macelleria al pianterreno. La porta della macelleria era chiusa, una SS la aprì con un calcio secco poco sotto la maniglia producendo un rumore simile a una piccola esplosione: una delle due ante, aprendosi così violentemente, doveva aver urtato qualche recipiente di vetro che era andato in frantumi. Gli altri soldati iniziarono a ridere. Oligeri ebbe l'impulso di affacciarsi dalla ringhiera del ballatoio, ma un soldato che aveva seguito il gruppo degli ufficiali su per le scale lo trascinò via afferrandolo per il colletto della camicia: l'oste capì che non aveva alternative, ormai, che comunque non avrebbe potuto farci niente. Guardò ancora una volta con la coda dell'occhio giù in basso, verso il cortile. Poi si sforzò di non pensarci più, e fece strada dentro l'osteria.

Il maggiore Walter Reder si sedette di fronte alla grande finestra che dava sulla strada. Accanto a lui, allo stesso lato del tavolo, prese posto un ufficiale giovanissimo, con la faccia resa affilata dalla mascella sottile, il naso diritto, i capelli chiari quasi tutti nascosti dal cappello. Non se lo tolse. Era l'unico degli ufficiali ad avere sulla spalla la *Maschinenpistole.* Come si sedette, se la sfilò di dosso e l'appoggiò sul tavolo, accanto ai piatti e ai bicchieri e al grande vassoio del pane che Emma aveva già provveduto a tagliare. Era il sottotenente Paul Albers, aveva ventiquattro anni. Fu Emma, Emma Tonelli, a riconoscerlo senza esitazioni, sessantatré anni dopo, durante il processo che si era aperto grazie alle indagini del procuratore Marco De Paolis.

Emma era in piedi accanto alla porta, rigida e pallida. Teneva fra le mani un largo piatto con del salame già affettato, mentre la metà rimasta intera l'aveva lasciata al centro del piatto insieme a un lungo coltello dalla lama affilata. Gli ufficiali sembrarono accorgersi di lei solo quando furono tutti seduti. Allora Paul Albers cominciò a fissarla, e più la fissava più Emma contraeva le spalle, teneva gli occhi sul piatto o sulle sue scarpe. Aveva già imparato bene la lezione, qualche tempo prima: non guardare mai negli occhi un tedesco. Il sottotenente prese dal tavolo la *Maschinenpistole*, la strinse in pugno. Gli altri ufficiali fecero immediatamente silenzio. Reder, che parlava, rideva, mangiava e beveva meno degli altri, si sedette più dritto sulla sedia. Guardava Albers con la coda dell'occhio, il volto apparentemente inespressivo.

L'ufficiale mirò dritto verso Emma, che chiuse immediatamente gli occhi: stava immobile, le gambe strette, i polpastrelli premevano così forte contro i bordi del piatto che le unghie le diventarono tutte bianche.

«*Ratatatatatà. Tà. Tà. Ratatatatatà*» fece Albers spostando velocemente l'arma da destra verso sinistra, e poi di nuovo velocemente da sinistra verso destra, mimando il suono di una raffica.

Gli ufficiali scoppiarono a ridere. Tutti, tranne Reder, che sollevò appena gli angoli della bocca prima di portarsi un bicchiere alle labbra. «Allora brindiamo» disse nel suo italiano perfetto. Si alzarono tutti in piedi sollevando i bicchieri che Oligeri aveva appena riempito di vino. Emma intanto era scappata in cucina portandosi dietro il vassoio e sparendo oltre la porta. Albers guardò Oligeri: «Come si chiama la ragazza?».

L'oste fremette. Sentì un rossore violento salirgli lungo le guance. Poi disse, quasi in un sussurro: «Emma».

«Come? Come dici, oste? Non ti abbiamo sentito.» Questa volta era Reder a parlare. Oligeri indietreggiò di un passo. «Come dici, oste?»

«Si chiama Emma» rispose alla fine lui, con la voce rauca e contratta.

«Emma!»

«Emma!»

«Emma Emma Emma Emma Emma.» Gli ufficiali iniziarono a cantilenare in coro, sempre più forte, battendo i piedi sotto al tavolo. «Chiama Emma, oste. Di' che ci porti da mangiare che abbiamo fame.»

Oligeri provò a intervenire: «Vengo io... porto subito io».

«Allora non capisci, oste. Noi vogliamo Emma.» Albers tamburellò con le dita sopra la *Maschinenpistole*. Oligeri entrò in cucina. Emma era accucciata in un angolo, tra i fornelli e il muro. Adalgisa le aveva allungato uno straccio per asciugarsi la faccia piena di lacrime.

«Emma... Eccoti qui. Emma, ti aiuto io, non ti preoccupare. Andiamo di là insieme, facciamo insieme, ci penso io. Se resti qui è peggio.» Aiutò la ragazza ad alzarsi prendendola per un braccio. «Ecco, brava, così. Ci penso io, stai tranquilla. Non succede niente, li conosco bene. Se facciamo come dicono e non gli diamo troppa importanza non succede niente. Tu non dargli importanza e ricordati che ci sono io. Ci penso io.»

Oligeri prese la larga zuppiera sul tavolo della cucina, che Adalgisa aveva appena riempito di lasagnette al sugo fino quasi a farla traboccare. Poi tornò in sala, seguito dalla ragazza.

«Oh, Emma, Emma! Brava Emma.»

«Brava Emma.» E gli ufficiali fecero un altro brindisi.

«Ci deve servire Emma, oste. Levati dai piedi tu.»

Oligeri la guardò, lei gli stava appena un passo più dietro. Le lanciò uno sguardo severo ma calmo, sforzandosi di essere rassicurante. Mentre le passava la zuppiera, anche lui cominciò a tremare.

Emma l'afferrò come se ci si aggrappasse, chiuse gli occhi, li riaprì. Cominciò a servire gli ufficiali partendo dai due che stavano seduti accanto alla finestra. Lasciò Reder e Albers per ultimi, Oligeri la osservava dal ciglio della porta che metteva in comunicazione la sala con la cucina. Quando si avvicinò a Reder, lui stava schiacciando una mollica di pane sul tavolo, premendola tutta con i polpastrelli della sua unica mano. Si lasciò servire senza guardarla. Anche Albers sembrava aver perso ogni interesse per lei, mentre Emma gli riempiva il piatto bene attenta che il tremore non si vedesse, cercando di controllare ogni gesto perché non fosse né troppo lento né troppo veloce. Quando ebbe finito guardò Oligeri, che le restituì un'occhiata intensa, muovendo appena il viso in su e in giù come a dire: «Brava, sei stata brava. Lo vedi che avevo ragione?». L'oste portò in tavola altro vino, che aveva tenuto in fresco dentro un secchio sul ballatoio, poi, mentre gli ufficiali mangiavano, lui ed Emma rientrarono in cucina.

Forse fu per l'angoscia di pochi minuti prima, forse per la paura o per la tensione che avevano anestetizzato tutti i sensi, ma Emma e Mario non avevano sentito le SS in mimetica entrare in casa, passando dalla scaletta di servizio che collegava direttamente l'emporio alla cucina. Non avevano sentito il rumore dei piatti, delle stoviglie sbattute, i suoni rauchi e incomprensibili che uscivano dalle loro bocche, le loro risate. Aprendo la porta della cucina, Oligeri li vide, erano almeno cinque, avevano occupato tutte le sedie disponibili e mangiavano direttamente dalle pentole. Una SS, più robusta degli altri e coi capelli completamente rossi sotto l'elmetto, fumava tenendo le punte degli scarponi contro il bordo del tavolo e lasciandosi dondolare lentamente sulla sedia in equilibrio sulle due gambe posteriori. Ai fornelli c'era ancora Adalgisa, che gli dava la schiena: stava curva a girare un intingolo dentro il paiolo. Un soldato, dietro di lei, le puntava la pistola alla nuca. La cuoca girava più veloce il cucchiaio nell'intingolo, come se sperasse in quel modo di essere lasciata in pace. Intanto piangeva. Appena il soldato vide entrare l'oste, girò la canna dell'arma verso di lui.

Mario Oligeri si immobilizzò. Emma era riuscita ad appoggiare la zuppiera sul tavolo della cucina prima che le sfuggisse dalle mani. Le sfuggì invece un breve grido dalla bocca. Oligeri si accorse subito che i soldati erano completamente ubriachi. Fece un lungo respiro, cercò di recuperare le forze. «Dobbiamo servire i vostri capi, lasciateci lavorare» disse, e si fece incontro alla canna della pistola che restava puntata all'altezza del suo petto. Il soldato non si mosse, si lasciò superare dall'oste apparentemente senza neppure guardarlo. Oligeri si mise accanto a Adalgisa, anche Emma la raggiunse, ingegnandosi ad aiutarla in qualche modo per farsi vedere impegnata. La cuoca continuava a piangere, ma senza emettere alcun suono. Oligeri pensò che non aveva mai visto nessuno piangere così. «Le bombe» disse poi la donna con una voce sottile che si impastava alle lacrime. «Le bombe» ripeté.

«Cos'hai detto?» fece Oligeri sussurrando a sua volta.

«Il soldato... Un soldato... voleva buttarmi una bomba qui sopra il fornello.» Adalgisa pronunciò l'ultima parola aspirandola dentro il tremore di un singhiozzo. Tirò su col naso, si asciugò una goccia che le colava dalla narice con il dorso della mano in cui stringeva il cucchiaio. Poi riprese a girare.

Un'ora dopo anche gli ufficiali erano ubriachi. Oligeri li osservava da dietro la porta della cucina rimasta socchiusa e fu preso da un pensiero che si trasformò piano piano in una specie di furore: pensò che, messi com'erano messi, avrebbe potuto prenderli e buttarli giù dalla finestra, uno dopo l'altro. Prenderli e ammazzarli così, uno dopo l'altro. Prima il Monco, si diceva Oligeri, bisogna sempre cominciare dal capo. L'oste immaginò proprio l'esatto momento in cui afferrava Reder per il colletto della divisa e lo trascinava, tutto ubriaco com'era, attraverso la stanza per poi lanciarlo giù dalla finestra, e vedeva il suo corpo spiaccicarsi sulla strada dentro una pozza di sangue scuro. Quei pensieri gli si fissarono dentro così forti, così vividi insieme al furore che gli cresceva nel petto, che l'oste, guidato dall'istinto bruciante che gli scaldava il sangue, tornò di nuovo da basso, nell'emporio, per prendere altro vino, ancora più forte. E pensava a sua moglie e ai suoi figli, al sicuro a Valla, ma adesso non era più così certo che sarebbe rimasto vivo per il loro ritorno. Questi mi ammazzano, si diceva, mangiano e poi mi ammazzano.

Prese il vino, risalì velocemente le scale verso il ballatoio che immetteva nella sala dell'osteria, facendole a due a due malgrado la damigiana fosse molto pesante. Ma non sentiva la fatica, sentiva solo la paura, l'urgenza, e quel furore che lo aveva preso. Entrò nella sala con la damigiana stretta al petto, e vide questo di fronte a lui: Emma era seduta sulle ginocchia del sottotenente Paul Albers, con il bacino sospinto in avanti in una posizione contorta e innaturale, lui le teneva la mano sinistra intorno al collo e con la destra le premeva la canna della *Maschinenpistole* contro la nuca. La ragazza era pallida ma non piangeva. Stava mangiando dal piatto di Albers: usando le dita della mano destra si portava alla bocca i resti del pollo che il sottotenente aveva nel piatto.

Oligeri non pensò, smise di sentire il furore e anche la paura. Lasciò cadere a terra la damigiana: gli si staccò dalle mani come se non fossero più le sue, l'oste non sapeva dire neppure a sé stesso se lo avesse fatto apposta o se quello fosse il risultato della disperazione. La damigiana cadde a terra e si spezzò in due all'altezza del collo sottile, il vino schizzò fuori finendo per macchiare le pareti, poi si allargò tra i vetri in una larga chiazza rossa sul pavimento di piastrelle bianche, proprio dietro il tavolo, e la macchia iniziò a diluirsi in minuscoli rivoli che subito si allungarono sempre più sottili fin quasi agli stivali degli ufficiali. Gli ufficiali si girarono verso di lui, anche i soldati uscirono dalla cucina. Paul Albers lasciò la presa del collo di Emma, la ragazza ebbe la forza di alzarsi di scatto e correre in cucina. Dal ciglio della porta, le SS iniziarono a sputare e a insultare Oligeri, lui invece aveva ripreso a respirare, come se all'improvviso i polmoni gli si fossero sbloccati. «Scusate» disse, «prendo uno straccio per pulire.»

Andò di corsa in cucina senza curarsi di pestare il vino, trovò Emma contro il muro, accanto alla cuoca. Le andò incontro, le prese entrambe le braccia con le mani: «Tu adesso te ne vai via, capito? Emma, vai via. Passi dalle scale sul retro e te ne vai, ti nascondi da qualche parte. Non puoi restare qui». La ragazza non diceva niente, faceva di sì con la testa e con le mani si premeva il collo lì dove prima le dita dell'ufficiale lo tenevano a tenaglia.

L'oste a quel punto guardò Adalgisa: «E tu...».

«Io resto, sto qui. Ti do una mano. Ma Emma... è un bene se lei adesso va via.» E guardando la ragazza: «Vai via, Emma, vai. Sto qui io».

Emma si spostò rasente al muro fino a raggiungere la porticina che si affacciava su delle strette scale che portavano sul retro della casa. Prima di uscire, guardò Mario e guardò Adalgisa, ma non riuscì a salutarli, non riuscì a dire nulla. Non serviva. Abbassò la maniglia, si girò, e scappò più veloce che poteva.

Oligeri prese gli stracci che stavano appoggiati sopra il lavello, tornò nella sala: «Scusatemi, eccomi, scusate. Sistemo subito».

Si piegò tutto sulle ginocchia e iniziò a pulire il pavimento.

Erano le tredici. Era il pomeriggio del 19 agosto 1944.

Mentre Oligeri stava chino sul pavimento di piastrelle bianche, le ginocchia inzuppate di vino, dalla porta che si affacciava sul ballatoio esterno arrivò una SS. Non era come le altre: non rideva, non parlava, non aveva il passo rilassato dei soldati in mimetica che gli avevano invaso la casa. Camminava rigido, entrò impettito e fece un passo oltre la porta, che aveva aperto senza bussare. Poi, battendo insieme le suole degli scarponi, sollevò il braccio nel saluto nazista. «*Heil Hitler.*»

Teneva in mano dei fogli. Gli ufficiali, intorpiditi dal vino, non si scomposero. Sembrava che lo stessero aspettando. L'uomo si diresse verso Reder, oltrepassando Oligeri senza guardarlo. Appoggiò i fogli che teneva in mano sopra il tavolo, in uno spazio libero tra il maggiore e il sottotenente Albers. I nazisti, tutti, fecero improvvisamente silenzio. Oligeri si alzò in piedi reggendo gli stracci gocciolanti. Reder aveva preso i fogli allontanando al contempo il piatto che ancora aveva di fronte. Iniziò a leggere con attenzione. Fece qualche domanda al soldato, in un tedesco stretto e veloce che Oligeri non poteva capire, poi disse qualcosa ad Albers.

«*Einhundertsechzig*» rispose il sottotenente. Reder non aggiunse altro. Si voltò verso l'oste che lo guardava immobile con le braccia esauste a penzoloni lungo il corpo.

«Ho bisogno di una penna. Hai una penna?»

Oligeri restò in silenzio per qualche secondo, come se non avesse capito bene quella richiesta.

Reder sorrise.

«L'oste, amici, oggi è un po' sordo mi sa. Non capisce mai bene alla prima. Una penna, ho bisogno di una penna.» Il tono della voce gli sembrava quasi gentile. Mario lasciò cadere lo straccio sul pavimento, si avvicinò a una grossa credenza che stava appoggiata al muro di fronte alla finestra. Sulla credenza c'era uno specchio, stretto da una pesante cornice di legno intarsiato con dei fiori che sembravano boccioli di rosa e che si intrecciavano a un ramo d'edera. Era la credenza preferita di sua moglie, da sempre. Aprì il primo cassetto, quello dentro cui custodiva i documenti dei negozi e dell'osteria: la contabilità, i fornitori, i pagamenti, i debiti e i crediti, le spese e i ricavi. Tra i fogli e i quaderni accuratamente ordinati in plichi suddivisi per anni, a partire dal 1928, c'era la sua vecchia stilografica, tutta nera con il pennino d'argento, un regalo che il fratello gli aveva fatto prima che si sposasse. La prese, chiuse il cassetto, pensò che non voleva che neppure sua moglie usasse quella penna, tanto ci teneva, pensò che una volta aveva sgridato suo figlio grande, Romano, perché l'aveva sorpreso a giocarci. Si avvicinò a Reder. Mentre gli porgeva la penna, vide i fogli aperti sull'ultima pagina. C'erano alcuni numeri annotati a matita e poi una scritta più grande, a penna: «*Einhundertsechzig*». Accanto, in numero: «160».

Walter Reder firmò il foglio, in basso, per esteso. Poi siglò con le sue iniziali tutte le altre pagine, fronte e retro. Richiuse la stilografica dentro il cappuccio, la appoggiò sul tavolo, prese le carte e le restituì al soldato che gli era rimasto accanto per tutto il tempo: rigido e severo.

Il soldato uscì, e gli ufficiali ricominciarono a bere.

Erano le tredici e trenta. Era il pomeriggio del 19 agosto 1944.

Il razzo partì con un colpo sordo che divenne immediatamente un sibilo: il sibilo attraversò il cielo pallido di afa in una luce bianca e poi culminò con un altro colpo, che questa volta esplose in un grumo rosso e brillante.

I soldati guardarono in alto, tutti insieme, e videro quella palla rossa scoppiare contro il cielo, proprio sopra il torrente Bardine. Si fermarono, qualunque cosa stessero facendo. L'ufficiale fece un cenno al suo aiutante per radunare gli uomini: ne servivano una ventina. Le SS si ritrovarono alle pendici del campo di granturco, sottovento perché l'odore di sangue e corpi umani aveva già riempito l'aria e respirare in modo normale iniziava a diventare difficile. Un ordine secco diede il segnale, i soldati già sapevano che cosa dovevano fare.

Per portare a termine il lavoro non ci sarebbe voluto molto, ormai. Gli uomini, appesi ai pali, agli alberi, alle siepi, ai cancelli, alla carcassa del camion, avevano cominciato a morire, finirli sarebbe stato rapido. Il ragazzo più giovane, il primo a essere stato legato al paletto di sostegno del filare di viti, era morto da almeno mezz'ora. Aveva la faccia tutta spostata in avanti, col mento ripiegato fino quasi a sfiorargli il petto, gli occhi chiusi, la bocca aperta, un ciuffo di capelli gli era sceso lungo la fronte. Si era alzato un vento caldo e asciutto: il suo corpo a penzoloni strusciava quasi con le ginocchia sul terreno, muovendosi avanti e indietro sotto la spinta di quelle folate. Il rumore del filo di ferro contro il palo produceva, a ogni minimo spostamento, un cigolio metallico simile al suono delle cicale: *zin-zin, zin-zin, zin-zin.* Un soldato si avvicinò e sentì che non respirava più, ma scaricò lo stesso alcuni proiettili contro quel corpo ripiegato in avanti.

Molti degli uomini ancora vivi furono freddati con delle pistolettate alla nuca, ad altri spararono raffiche di mitragliatrice alle gambe: sfiniti com'erano morirono quasi sul colpo, soffocati dal filo di ferro intorno al collo.

Prima di andarsene, i soldati piantarono un cartello, proprio sotto il filare di viti. C'era scritto così, in perfetto italiano: «Questa è la prima vendetta dei tedeschi uccisi presso il Bardine!!!».

Erano le tredici e trenta. Era il pomeriggio del 19 agosto 1944.

Al mulino di Soliera, pochi metri sotto l'incrocio che divideva in due la provinciale, Luisa e Alfonsino aspettavano le loro mamme, Lea e Angiolina, e nonna Palmira da quasi due ore. Stanchi, annoiati, affamati, si erano messi a riposare sotto al tronco di un vecchio ciliegio. Per tenerli buoni, Ottorino Chinca, zio Torino, aveva lasciato un pezzo di pane ciascuno, e aveva detto, guardando soprattutto Alfonsino: «Io torno un attimo su in cima alla strada, a capire se arrivano, voi state qui, e se vedete qualcuno di strano...».

«Se vediamo un soldato vuoi dire?» aveva chiesto Luisa.

«Sì, se vedete un soldato buttatevi lì sotto alla piana. Lo vedi, Alfonsino?» disse guardando di nuovo il nipote. «Lì sotto, dove c'è quel cespuglio di mirto, lì sotto c'è una buca nel terreno. Buttatevi lì.»

«Va bene zio» aveva risposto il ragazzo con poca convinzione. Era stanco, aveva fame, una sbucciatura al ginocchio gli aveva fatto infezione a forza di strapparne via la crosta, e se quel viaggio con lo zio gli era sembrato una bella avventura, all'inizio, adesso gli mancava la sua mamma, e anche la nonna Palmira. Ma non aveva il coraggio di dirlo.

Torino tornò di nuovo dai ragazzi: era la terza volta che faceva avanti e indietro nell'ultima mezz'ora. Si mise anche lui sotto al ciliegio.

«Non ci sono, zio? Non sono ancora arrivate?» Alfonsino aveva preso a strattonargli l'orlo dei pantaloni, come faceva da piccolo per attirare la sua attenzione.

«No, non ancora.»

«Ma come mai?»

«Non lo so, Alfonsino, non lo so. Avranno avuto qualche inconveniente, sai come sono tua mamma e tua zia. Vedrai che adesso arrivano» e rovesciava gli occhi intorno, tendeva l'orecchio per sentire il suono di voci che potesse riconoscere, si torceva le mani. La mulattiera era deserta, la campagna silenziosa, il rumore meccanico dell'ingranaggio del mulino, lieve e cadenzato, arrivava come un mormorio quieto e rassicurante dal fondo del torrente.

«Guarda, guarda lassù, babbo.» Luisa gli si era fatta vicino, gli aveva stretto le ginocchia con il piccolo braccio sinistro e con il destro indicava in alto, verso il cielo, protendendosi tutta. Torino alzò gli occhi, Alfonsino fece lo stesso: sentirono un sibilo lungo, acutissimo, attraversare il cielo in una scia luminosa, e poi scoppiare in una palla rossa e brillante, producendo un rumore sordo che rilanciò la sua eco lungo tutta la piana, da San Terenzo a Ceserano, fino a Fosdinovo. I due bambini e l'uomo stettero un po' così, con gli occhi spalancati all'insù, le bocche socchiuse, stretti insieme a guardare quel razzo rosso che aveva lasciato un pulviscolo iridescente contro il cielo quasi bianco. Non parlavano, aspettavano.

Poco dopo, un grido si levò dal fondo delle piane: arrivava dalla fattoria di Valla. Non era un vero e proprio grido, era un lamento acuto e lontano, un coro di voci che prima si alzò e poi, nel tempo di un lungo respiro, appassì nel vento. Allora, esplosioni e raffiche in rapida successione presero il posto di quel lamento, coprendo ogni altro suono. Luisa si coprì le orecchie con i palmi e strinse gli occhi, Alfonsino li puntò dritti verso lo zio e lo vide che si metteva le mani sulla faccia, lo vide che si accasciava piano lungo il tronco, con le ginocchia che sembravano sciogliersi.

«Li hanno ammazzati» disse, lasciando scivolare la schiena contro la corteccia. «Me le hanno ammazzate tutte.» Iniziò a piangere. E anche i bambini, allora, cominciarono a piangere con lui.

14

Erano le undici e trenta. Era la mattina del 19 agosto 1944. Finalmente l'organetto aveva smesso di suonare.

Li avevano fatti marciare avanti e indietro, per tre volte, dalla fattoria di Valla su per il sentiero circondato dal bosco di castagni, fino al crocevia che immetteva nella strada per San Terenzo. Erano passate quasi due ore da quando tutto era cominciato.

I soldati li circondavano impugnando le pistole mitragliatrici e li contavano ogni volta che tornavano all'inizio del sentiero. Li contavano uno dopo l'altro: gli uomini, i vecchi, le donne, i bambini in braccio alle donne. Li contavano e un ufficiale – lo riconoscevi perché non aveva la mimetica – annotava un numero su un foglio. Poi ripartivano con la marcia, e ricominciava l'organetto.

Faceva caldo: il caldo saliva dalla terra che era diventata bollente, e l'ombra dei castagni non riusciva a fermare il bollore. I bambini più grandi, a poco a poco, avevano smesso di piangere. Mentre marciavano, qualcuno aveva iniziato a dire che forse non li avrebbero ammazzati. Che li tenevano lì solo per fargli paura, che dopo li avrebbero lasciati tornare a casa.

Avanti e indietro, avanti e indietro, avanti e indietro.

Alla fine del secondo giro, un soldato si era staccato dal gruppo che circondava la massa di uomini e donne e bambini. Si era avvicinato ai prigionieri dicendo: «*Tanzen, tanzen*. Ballare». Perché lo diceva? Sembrava ubriaco.

Quelli che stavano più avanti, terrorizzati, accelerarono il passo staccandosi dal gruppo rimasto indietro, proprio davanti al soldato. Lì c'erano anche Clara e Pietro e Rita, c'erano la loro mamma e il loro babbo. Il nazista andò verso la mamma, che teneva per mano Pietro e Rita: «Ballare, ballare». Un po' rideva e un po' aveva la faccia dura. La mamma di Clara lo guardò con il terrore negli occhi, e si immobilizzò. Suo marito allora le andò incontro, le si fece tutto davanti, tra lei e il soldato, che smise di ridere e prese la *Maschinenpistole* che aveva a tracolla, sulla spalla sinistra, piantandogliela in faccia: «*Tanzen, tanzen*». L'organetto suonava. La mamma di Clara afferrò le mani di suo marito: «Vieni» gli disse in un sussurro, e accennò dei passi ritmati sul sentiero. Il marito la guardava e sembrava non capire, ma iniziò a seguirla sotto la canna della mitragliatrice che gli stava piantata a meno di un metro, in direzione della schiena. «Vieni, fai come faccio io» gli disse la moglie. I bambini più piccoli, vedendoli così, che si muovevano impacciati e straniti sul sentiero con tutti gli altri fermi intorno, iniziarono di nuovo a strillare. Clara si accorse che il soldato aveva spostato la mitragliatrice nella direzione del suo fratellino e della sua sorellina, anche lei allora prese le loro mani, come prima la mamma aveva fatto con il babbo, e iniziò a farseli girare intorno: «Balliamo così, balliamo» aveva detto, loro avevano continuato a piangere, all'inizio senza muoversi, poi cominciando a spostare piano piano i piedini, le mani intrecciate come quando facevano il girotondo, seguendo i movimenti di Clara. «Bravi bravi bravi» aveva gridato il soldato, in italiano, rideva e gridava, e si era rimesso la mitragliatrice sulla spalla. «*Tanzen, tanzen*. Bravi.»

Alba Terenzoni si teneva la sua Adelitta stretta al petto, la cullava, la stringeva e poi la faceva saltare un po' tra le braccia che avevano preso a formicolarle tutte per il caldo e per il sudore e per il peso, allora lei spostava la bambina prima un po' di più sul braccio e sul fianco destro, poi un po' di più sul braccio e sul fianco sinistro. Così, per tutto il tempo, non l'aveva mai fatta scendere a terra, neppure per un minuto, anche se la bambina voleva farlo, come gli altri, ma lei niente: se la metto giù, si diceva, me la portano via.

Stava da sola, un po' in disparte, e mentre sentiva quelli che parlavano tra loro – «Ci lasciano andare, fanno così per farci paura ma poi ci lasciano tornare a casa» – dentro di sé sapeva che non era vero. Qui ci ammazzano, ci ammazzano tutti, pensava. E stringeva la bambina più forte, e continuava a marciare con il passo rigido, senza tentennamenti, senza tremare, con gli occhi sempre puntati in basso, senza mai guardare i soldati. Avanti e indietro.

Alla fine del terzo giro, mentre ormai le cedevano le ginocchia per la paura e per il caldo – aveva sentito in lontananza suonare la mezza, da dove arrivava? Non da San Terenzo, forse da Canova, o da Ceserano –, i soldati li avevano fatti fermare e li avevano radunati tutti di nuovo sotto il castagno. Nel frattempo, sul largo cortile che si apriva di fronte alla stalla, erano arrivati tre autocarri e altri uomini in divisa avevano circondato la casa e la stalla. «Ci siamo» diceva Alba, «ci siamo, ci ammazzano.»

La bambina era stanca, non piangeva ma si lamentava fra le sue braccia. «Mamma, mamma, mettimi giù.» Alba la stringeva più forte. Poi la piccola iniziò a strattonarla: «Guarda mamma, una bambola, voglio la bambola anch'io, la bambola». Le sgusciava tutta dal petto, si protendeva a destra, verso il tronco del castagno. Alba girò la testa, aveva accanto un soldato in mimetica e la bambina gli indicava la cintura: «La bambola, mamma, la voglio anch'io». La donna vide che alla cintura il soldato portava una specie di grossa pigna marrone, con una linguetta metallica in cima: dall'alto poteva sembrare una piccola testa di legno. «La bambola, mamma...» Adelitta si chinava tutta. Alba fu presa da un brivido fortissimo, la strattonò via, veloce, tanto veloce che alla piccola si girò di scatto la testa, allora iniziò a piangere, sempre più forte. «Dopo... dopo la bambola, adesso stai buona» diceva la donna, e sentiva che veniva da piangere anche a lei.

Finito il terzo giro di marcia, sembrava che le SS li avessero lasciati in pace. Un gruppo di uomini, alla destra di Alba, aveva formato un capannello: parlavano fitto tra loro. Lei sentiva appena qualche parola. Parlavano di fuggire, lo capiva: dicevano del pollaio dietro la casa colonica, la casa dei Cecchini, dicevano che da lì in tre minuti si finiva nel bosco sopra il torrente, dove c'erano delle grotte per nascondersi. «Basta arrivare al pollaio, dalla cucina, c'è una finestra sul retro della cucina» faceva l'uomo più anziano. Era il Cecchini, il nonno di Clara, il mezzadro della fattoria. Prima di sposarsi, Alba aveva lavorato per cinque anni in quella casa, sapeva bene di quale finestra stesse parlando. Ma le SS erano troppe, ormai. Dalle tre camionette era scesa almeno un'altra cinquantina di soldati. Alba li vide che si muovevano dentro gli autocarri portando fuori dei cassoni di legno che poi lasciavano nel cortile sotto il sole, su un ghiaino mezzo coperto di paglia e di terra, davanti alla stalla.

«Gli uomini di qua, nella casa a destra, le donne di là, nella casa a sinistra.»

Uno degli ufficiali aveva preso a gridare: «Gli uomini di qua, gli uomini di qua, a destra!». I soldati avevano di nuovo circondato i prigionieri radunati tra il castagno e i pascoli: erano più di duecento.

Il tempo trascorso a marciare avanti e indietro lungo la mulattiera aveva come anestetizzato i corpi e le menti, fiaccato le resistenze. Nessuno aveva più cercato di fuggire dopo che un uomo era stato ammazzato davanti alla porta della casa colonica, prima che l'organetto iniziasse a suonare. Dove avevano portato il corpo? Era sparito, tornati dal primo giro lungo il sentiero non lo avevano più visto.

«Le donne a sinistra, nella casa a sinistra.»

Non afferrarono subito il senso delle parole dell'ufficiale: ne furono travolti come da un'onda improvvisa. Dalla massa di persone si levò prima un mormorio di stupore e di attesa, poi delle grida. Nessuno era preparato a quell'ordine. «*Schnell! Schnell!* Veloci, andiamo.»

I soldati avevano iniziato di nuovo a contare i prigionieri, a separare le madri dai padri, i nonni dalle nonne. La madre di Clara si era attaccata al braccio di suo marito, i bambini più piccoli le si erano invece stretti addosso, chi alle gambe, chi alla gonna.

«I bambini con le donne, i bambini restano con le donne» diceva l'ufficiale.

Romano Oligeri, che aveva diciassette anni ed era il più grande dei cinque fratelli Oligeri, fu separato dagli altri e finì nel gruppo degli uomini. Due fra i più giovani avevano provato a protestare, facevano resistenza, parlavano ai soldati agitando le braccia per farsi capire, dicevano: «No no, mia moglie» e ancora: «Perché? Perché?». Quattro soldati li avevano presi a calci e poi, quando erano già a terra, li avevano colpiti con le canne delle *Maschinenpistolen*.

«State calmi, eseguite gli ordini, state calmi e non vi succede niente.» L'ufficiale parlava forte. L'organetto riprese a suonare.

«Eseguite gli ordini, eseguite gli ordini.»

Palmira, Lea, Angiolina erano di nuovo insieme. «Dobbiamo restare insieme, restiamo insieme» dicevano, e si tenevano la mano.

Palmira non era mai stata nella cucina dei Cecchini: era grande e luminosa e tutta bianca. Da dentro si aprivano tre porte di legno scuro e massiccio un po' sbeccate sui bordi: una dava sul cortile dell'ingresso, una verso una sala che immetteva poi nelle camere da letto, una su una specie di sgabuzzino sul retro, con una piccola finestra in alto che si affacciava proprio sopra il pollaio. Le donne e i bambini furono divisi in tre gruppi: il primo, in cui c'erano Palmira, Lea e Angiolina, fu lasciato in cucina. Il secondo nella sala, il terzo nella prima camera.

Per un po' non accadde nulla. La campagna sembrava tornata silenziosa. Chiuse dentro con le porte sprangate – erano chiuse anche le porte che mettevano in comunicazione tra loro le varie stanze –, le donne sentivano fuori le cicale, con il loro frinire sempre più forte mano a mano che il caldo saliva insieme al sole, poi i rumori dei motori dei camion, che si accendevano e si spegnevano, e poi come dei trascinamenti, sordi e prolungati, che producevano una specie di stridore sul ghiaino. Si guardavano in silenzio, con gli occhi spalancati. Nemmeno i bambini parlavano, all'inizio.

Una ragazza, si chiamava Vienna, aveva venticinque anni ed era considerata la più bella di San Terenzo, iniziò prima ad agitarsi e a sussurrare parole sconnesse che nessuno capiva, poi prese a gridare, sempre più forte: «Ci ammazzano, ci ammazzano, io lo so che ci ammazzano» e si copriva tutta la faccia con le mani. Allora una delle anziane, che stava seduta con la schiena appoggiata contro i fornelli, disse con la voce più alta che poteva: «Preghiamo, preghiamo insieme, preghiamo tutte insieme». Le altre tirarono fuori il rosario e iniziarono a dire un'*Ave Maria*, tutte alla fine si ritrovarono a pregare, e sentirono che pure le donne nelle stanze accanto avevano cominciato a fare lo stesso. Palmira stringeva il rosario nella tasca, non lo aveva tirato fuori, si sentiva più al sicuro così. Lo stringeva con la mano destra, sgranava lentamente le piccole sfere di legno con le sue dita magre e forti mentre con la sinistra stringeva quella di Angiolina. Anche lei pregava, la Lea invece si era accasciata tutta con la testa sulla spalla di Angiolina, si teneva la pancia con le mani intrecciate e piangeva in silenzio, senza asciugarsi le lacrime, e chiamava Luisa e Torino, prima Luisa e poi Torino, in un mormorio sottile, quasi una cantilena. Angiolina, guardandola, si disse che anche quella era una preghiera, a modo suo, e stringeva gli occhi pensando al suo Alfonsino, ma non osava dire quel nome, se lo teneva nel petto perché le sembrava così che fosse più suo.

Mentre pregavano, entrarono i soldati. Erano una decina. Le donne fecero subito silenzio. Qualcuna, emettendo piccoli gridi soffocati, si accartocciò ancora più stretta contro i muri, negli angoli di quella cucina dove ormai non si riusciva neppure a camminare, tanti erano i corpi ammassati.

Il primo soldato si avvicinò ai fornelli, di fronte al grosso camino di pietra grigia. Oltrepassò tre bambini, i fratellini Terenzoni, che avevano perso nel trambusto la loro mamma e si erano stretti tutti insieme quasi sotto le gambe del tavolo al centro della stanza. Arrivando all'angolo del muro tra il tavolo e i fornelli, il soldato si chinò, afferrò Vienna per un braccio e la trascinò su di peso. Lei iniziò a gridare, gridava con tutta la forza che aveva, mentre le altre donne la guardavano immobili, con gli occhi vuoti e le facce grigie come il muro. Il soldato, che con una mano la teneva ferma per un braccio, con l'altra la colpì sul volto usando il dorso e le nocche, e la ragazza girò tutta la faccia e il collo ripiegandosi su un fianco e quasi cadendo a terra, se non fosse stato per la presa che le stringeva il braccio: rimase all'improvviso in silenzio. Quando si tirò su, con i capelli neri che le stavano tutti sulla fronte e sugli occhi, aveva il volto sbigottito e un filo di sangue cominciò a colarle giù dalla narice. Il soldato non parlava, continuò a trascinarla per il braccio e Vienna lo seguì, incespicando sui piedi, colpendo le gambe e le ginocchia degli altri mentre passava: provavano a farsi da parte ma erano troppo impauriti per riuscire a muoversi davvero. La ragazza non sembrava più lei, non piangeva e non parlava, camminava dietro al militare che la trascinava via e aveva chinato la faccia, non guardava più niente.

Entrarono gli altri soldati, uno dopo l'altro. Prendevano le donne giovani, nessuna aveva più urlato. Tenevano gli occhi bassi, si stringevano nelle spalle, sedute a terra con le ginocchia attaccate al busto. Si lasciavano scegliere e seguivano i soldati con le lacrime che si staccavano silenziose dalle ciglia. Nessuna parlava, nessuna pregava. Quando toccò a Lea e Angiolina, prima a Lea e poi ad Angiolina, Palmira trattenne la mano di sua nuora. Non gliel'aveva mai lasciata fino a quel momento. Il soldato tirò su Angiolina, Palmira le teneva le dita con la mano magra e forte che adesso tremava: non diceva niente, le teneva solo le dita, e mentre Angiolina si alzava piegando in avanti il bacino sentiva che le dita di sua nuora, lisce e fredde, le sfuggivano via. Angiolina non provò a fare resistenza, come prima la Lea. Si lasciò tirare su, e quando la mano di Palmira si staccò dalla sua, si girò e la guardò un attimo, e vide la mano rimasta a mezz'aria, vuota, e vide che Palmira stava piangendo.

Erano le dodici e trenta. Era la mattina del 19 agosto 1944.

L'ufficiale aprì la porta della cucina. Dietro di lui, una ventina di soldati in mimetica copriva quasi tutta la luce del sole che filtrava appena dal cortile.

«Uscite adesso. Uscite che vi facciamo una foto.»

Le donne si alzarono di scatto tutte insieme, trascinando su anche i bambini.

«In fila, in fila. Mettetevi in fila e uscite, vi facciamo la foto.»

Le donne non si muovevano, nessuna di loro osava fare neppure un passo. L'ufficiale cominciò a parlare più forte, le parole divennero ordini violenti nel suo italiano stentato: «Fuori! Uscite! Fuori!». Fece un passo dentro la cucina, poi si spostò di lato. Entrarono gli altri soldati, almeno la metà di quelli che aspettavano nel cortile. Urlavano e spingevano le donne per cercare di formare una specie di fila centrale.

La padrona della fattoria di Valla si chiamava Maria Battistini. Era rimasta per tutto il tempo rannicchiata a terra, nell'angolo più lontano dalla porta d'ingresso, con la faccia quasi ripiegata in mezzo alle ginocchia. Come vide entrare i soldati iniziò a tremare e a piangere, scompostamente. Una SS le andò vicino, la spingeva con la *Maschinenpistole*, gliela premeva contro il collo, contro le spalle. «No» diceva lei, «no no, non vengo, non voglio.» E gridava, e si contorceva tutta. Il soldato disse qualcosa che nessuno capì, sembrava stesse imprecando ma come tra sé e sé, poi prese la pistola che teneva dentro la fondina sulla cintura. La tirò fuori, gliela puntò contro la tempia facendo un gesto ampio. Disse ancora qualcosa. Sparò. Il colpo coprì ogni altro rumore. Maria spalancò gli occhi, la testa le si piantò contro il muro della cucina, mentre un fiotto di sangue le scendeva denso e nero giù per la faccia, lasciando una macchia nera sul muro bianco. Le altre donne iniziarono a urlare, si girarono tutte, coprivano i bambini. Qualcuna piangeva. «*Schnell!*» gridava l'ufficiale. «Mettetevi in fila, uscite, mettetevi in fila.»

Alba Terenzoni, con in braccio la sua Adelitta, era rimasta in fondo al gruppo. Stava rigida accanto alla piccola porta che dava nello sgabuzzino sul retro della grande casa colonica. Non si muoveva. Accanto a lei c'era un soldato in mimetica che controllava le operazioni per far uscire le donne nel modo più rapido possibile. Quando fu il turno di Alba, lei lo guardò, e siccome il soldato teneva la faccia dritta davanti a sé e sembrava non essersi neppure accorto della donna, trovò il coraggio di prendergli la manica della divisa, e di tirarla appena. Lui si girò: la superava di almeno venti centimetri e con l'elmetto sembrava ancora più alto. «*Stell dich hinten an*», mettiti in fila.

«In bagno... la bambina deve andare in bagno. Pipì, deve fare la pipì.» Alba parlava lentamente, trovando dentro di sé la forza di restare calma. Parlava, anzi sussurrava, con gli occhi pieni di supplica, cercando di farsi capire.

«Pipì, la bambina. Ti prego, ti prego.»

Il soldato girò di nuovo la faccia verso la fila, senza più guardarla, come se non esistesse. «*Stell dich hinten an*» disse ancora col tono più duro.

«Ti prego, la bambina ha bisogno. Faccio veloce, ti prego» e Alba gli strinse di nuovo la manica della divisa.

«*Pi-pì?*» il soldato le lanciò un'occhiata rapida da sotto l'elmetto.

«Ti prego, faccio veloce.»

Lui sembrò vacillare un attimo, un attimo solo. Poi si girò verso di lei: la guardò meglio, a quel punto. Fissò Adelitta che teneva la testolina tutta appoggiata al seno della madre e si succhiava il pollice con le guance rosse sporche di polvere e di sudore.

«Va bene» disse alla fine il soldato. «Fai pipì, ma veloce. Poi fila, capito?»

«Sì, sì, è proprio qui dietro, la porto qui dietro. Ci metto un attimo. Vieni Adelitta, ti faccio fare la pipì e poi andiamo a fare la foto anche noi, sotto il pergolato. Faccio veloce, grazie. Faccio più veloce che posso.»

Il soldato guardò con la coda dell'occhio la donna che stringeva tra le braccia la bambina, la vide correre dietro la porticina che dava nello sgabuzzino sul retro. La donna lo fissò prima di chiudere la porta, alzando la faccia verso di lui, e i loro occhi si incontrarono per un momento: avevano capito.

Alba Terenzoni chiuse la porta. Lo sgabuzzino era immerso in una penombra umida: da una finestra in alto, molto stretta, filtrava appena un po' di luce spezzata dal bosco di acacie e castagni che circondava la casa da quel lato. Alba fece scendere la bambina e subito le tappò la bocca con la mano: «Non parlare capito? Devi stare zitta, segui cosa dice la tua mamma. Devi stare zitta adesso».

Prese delle casse di legno vuote che stavano accatastate in un angolo. Alba conosceva ogni centimetro di quello sgabuzzino perché negli anni in cui aveva lavorato per i Cecchini lo usava per riporre gli attrezzi dell'orto e anche le scope e gli stracci che servivano per pulire la casa. Impilò le casse sotto la finestra, faceva di fretta, le tremavano talmente le mani che si ferì tutta con le schegge del legno un po' marcito. Non ci fece caso e quando le casse furono sistemate salì in cima, mentre Adelitta la guardava muta da basso. «Brava Adelitta, brava così. La mamma viene subito da te.»

In cima alle casse, Alba arrivava alla finestra con metà del busto. L'aprì, era molto stretta ma riusciva a passarci. Guardò fuori, proprio sotto c'era il pollaio. Alba scese di nuovo e prese in braccio la figlia: «Ora devi fare un salto, hai capito? Non devi urlare, devi fare la brava come ti dice mamma, io ti seguo subito. Ora ti tiro su e tu salti, va bene Adelitta? Salti lì dove ti fa vedere la mamma». La bambina non parlava, guardava sua madre con gli occhi sgranati, fece cenno di sì con la testa. Alba la prese, se la caricò in collo, salì di nuovo sopra le casse, sporse sua figlia oltre la finestra, le fece mettere le gambe e i piedini fuori, il sedere poggiato sul bordo. «Lo vedi, Adelitta? Devi fare un salto adesso, lì sopra, dove c'è quella paglia vicino alla casetta delle galline.» Non disse altro, spinse giù la figlia tenendola per le minuscole braccia fino a lasciare la presa perché non riusciva più a reggerla, e vide la bambina cadere su un cumulo di paglia. Chiuse gli occhi. Adelitta finì tra le galline: ce n'erano quattro, due bianche e due marroni, e appena la bambina cascò lì in mezzo con un tonfo attutito dalla paglia, iniziarono a mandare i loro gridolini acuti, volando tutte insieme, rasoterra, e finendo così mezzo metro più lontano. Il gallo cominciò ad agitare la cresta e le zampe, strusciandole sul terreno. Alba sentì che le scoppiava il cuore. Non aveva più tempo. Si buttò giù dalla finestra senza pensare a niente, finendo a pancia sotto tra la terra e lo sterco, proprio accanto a sua figlia che la guardava fisso e non piangeva.

La donna si rialzò, prese sua figlia, la tirò su in braccio, aprì la porta del pollaio, iniziò a correre verso il bosco, lungo una specie di sentiero scosceso, a piedi scalzi perché cadendo dalla finestra aveva perso le scarpe. Non sentiva nulla, correva e correva giù a ruzzoloni sul sentiero umido e scivoloso per via delle foglie dei castagni che lo coprivano tutto, si infilò nel bosco seguendo il richiamo del torrente che gorgogliava in fondo. Correva e si teneva la faccia di Adelitta contro il petto, i rami più bassi le graffiavano le guance e la bocca e le orecchie, e i piedi e i polpacci, ma lei non sentiva niente, correva e correva fino a che il bosco non divenne fitto e nero e poi, alla fine, trovò una gigantesca radice cava tutta coperta di muschio, ci si buttò sotto restando accovacciata nella terra nera, mentre copriva la faccia della sua bambina stringendola forte.

Passò qualche minuto. Verso destra, a meno di dieci metri da lei, dove il greto del torrente seguiva il corso di un'ansa più larga e libera dal bosco, si apriva una specie di radura illuminata dal sole, con al centro un campo di fagioli. Alba vide un uomo, un uomo anziano che stava annaffiando i fagioli. Sapeva bene chi fosse, si chiamava Isidoro Innocenti, era mugnaio al mulino della Gronda. L'uomo la vide, rintanata sotto la radice cava, con sua figlia tutta attorcigliata addosso. La guardò e non sembrò riconoscerla, sconvolta, sporca e sanguinante com'era: doveva sembrarle una strega dei boschi. Isidoro allora si sollevò, si mise una mano sopra la fronte, a visiera, per coprire gli occhi dai raggi del sole, li strinse per metterla a fuoco. «Ma sei la Alba» disse spalancando la bocca, e non capiva cosa ci facesse lì sotto, con la bambina stretta al petto al punto che sembrava la stesse stritolando.

La donna cominciò a piangere.

«Alba, ma che fai? Che ti succede?»

«Ci sono i tedeschi...» e mentre lo diceva i singhiozzi le sconvolgevano il petto.

«Dove?»

«Su a Valla... Ci sono i tedeschi, sono tantissimi, stanno ammazzando tutti, tutto il paese ammazzano, donne e bambini, tutti...»

«Ma cosa dici, Alba? Non è possibile, ma tu non stai bene, che ti è successo? Dov'è tuo marito?»

«Ci sono i tedeschi» continuava lei. «I tedeschi, su a Valla...»

«Alba, aspetta, stai lì. Fammi posare le cose e vengo da te. Andiamo a cercare tuo marito...»

«I tedeschi...»

«Stai male adesso, ma la bambina, Adelitta... Aspettami, aspetta. State lì che arrivo subito.»

Mentre l'uomo parlava, Alba notò tre soldati in mimetica smuovere la boscaglia poco sotto di lui. Lei stava un po' più sopra e da quella posizione vedeva bene il bosco. Si tappò la bocca con la mano libera per fermare il grido che le stava scappando fuori, con l'altra mano strinse la sua bambina più forte a sé. Sconvolta all'idea di essere stata vista, si buttò ancora più dentro la radice, fino a che sentì il duro della corteccia attaccarsi alla pelle e tirargliela via perché lei ci si sfregava contro, come se volesse rompere la corteccia ed entrare nel ventre della terra. Stava accucciata, rigida, stretta come le lepri mentre la volpe viene a stanarle. Ed eccola: lei era lì, tutta china e contratta, nel buio della radice. Una lepre che sfuggiva alla volpe.

Socchiuse gli occhi: la bambina non piangeva. Le lanciava delle lunghe occhiate nel buio e lei le diceva: «Brava Adelitta, brava». I soldati intanto si erano avvicinati sempre di più a Isidoro ma erano ancora nascosti dalla boscaglia, lei vedeva solo le pistole mitragliatrici, luccicanti, attraverso le fronde più basse delle acacie che formavano una specie di sipario verde e argento. Isidoro era di nuovo chino sui suoi fagioli: stava sistemando l'annaffiatoio prima di andare da lei. «Attento» diceva Alba, «attento.» La voce le restava tutta dentro i polmoni, non usciva, eppure lei se la sentiva così forte che pensava di urlare. Vide i soldati circondare Isidoro, da dietro. Prima che potesse voltarsi, prima che potesse alzarsi, tutti insieme scaricarono le loro mitragliatrici contro di lui, che non ebbe nemmeno il tempo di gridare: cascò con la faccia nel campo e i soldati continuarono a sparare anche quando il suo corpo era già tutto ripiegato a terra. Le raffiche erano così forti che le braccia e il busto del mugnaio iniziarono ad agitarsi tra i fagioli. Quando smisero di sparare, i nazisti si avvicinarono al corpo colpendolo con il dorso dei loro stivali e spingendolo nel torrente, che si colorò immediatamente di rosso. Si guardavano intorno: non l'avevano vista, non avevano visto Alba e la sua Adelitta dentro la tana, nella radice nera coperta di muschio. Alba premeva la mano sulla bocca della bambina: non le vedevano. I soldati guardavano il corpo di Isidoro, con la faccia nell'acqua e le braccia e le gambe larghe come una stella marina. Dissero qualcosa, poi si allontanarono.

Alba Terenzoni si sentì impazzire per la paura: sentì che la testa le diventava bollente, sentì che non riusciva più a mettere insieme i pensieri e sentì che il suo corpo non le rispondeva. Smise di piangere, e quando vide che i soldati erano rientrati nel bosco prese sua figlia e sgusciò fuori sulla terra morbida e collosa per via dell'acqua del Bardine. Lì, proprio davanti ai suoi piedi, il torrente si apriva in una pozza più dolce dove la corrente era frenata da un gruppo di sassi messi a semicerchio. I rami di una grossa acacia ricadevano tutti sopra, con le foglie d'argento che vibravano e sfioravano il pelo dell'acqua, nascondendo quel punto alla vista di chi si trovasse sull'altra riva. Ci si buttò dentro, nell'acqua tutta rossa del sangue del mugnaio, e ci infilò dentro anche la sua bambina, coprendola fino alle narici. Rimase così, per tutto il tempo necessario, con gli occhi rossi e la pelle cotta e gelida, fino a che non fu certa che i tedeschi se ne fossero andati, e l'acqua non divenne di nuovo calma e chiara, e il bosco intorno a lei silenzioso.

Erano le tredici. Era il pomeriggio del 19 agosto 1944.

Le donne e i bambini erano stati messi in fila sotto il pergolato di vite che si apriva di fronte alla casa colonica, circondati dalle SS che stavano di guardia. Il pergolato si allungava con i suoi tralci collosi su una piana stretta, delimitata da un muro a secco che la divideva dal grande pascolo ingiallito dal sole di agosto. I tralci creavano ombre morbide sul terreno scuro, lievemente argilloso. L'uva nera non era ancora matura: gli acini mantenevano i bordi verdastri accanto al picciolo, e avevano una compattezza dura e liscia, gonfi di succo che sembrava dovessero scoppiare da un momento all'altro. Le donne videro che sul pascolo, a meno di dieci metri da loro, c'erano tre grossi cumuli di paglia messi a una certa distanza l'uno dall'altro, che avevano dei rigonfiamenti innaturali alle estremità. Gli uomini non c'erano, ma sentivano le loro voci confuse a quelle dei soldati arrivare da dentro la casa dei Barucci, la casa padronale.

In fondo al gruppo delle donne, soltanto due ragazze piangevano, nel silenzio esausto delle altre. Erano due cugine, avevano diciassette e ventiquattro anni, si chiamavano Beppina e Giorgetta. Non erano di San Terenzo, né di Bardine. Arrivavano da Ceserano. Quella mattina, mentre andavano ai campi come facevano sempre, erano state fermate da un uomo completamente calvo, con una giacca che a loro sembrava elegante. L'uomo aveva la pancia larga e prominente che stava a fatica dentro i calzoni, con la vita tutta ripiegata sotto, aveva la faccia ben sbarbata, chiazzata di rosso per il grande caldo. Sembrava gentile, e sembrava di fretta.

«Signorine» aveva detto. E loro non si erano girate subito, perché non erano abituate a farsi chiamare dagli sconosciuti al ciglio della strada. Allora lui, che stava dietro di dieci passi, le aveva chiamate ancora: «Signorine». Beppina Gerini e Giorgetta Pigoni, cugine e amiche da quando erano nate, si voltarono. «Scusate... Scusate se vi importuno.»

Le ragazze rimasero in silenzio.

«Scusate...» fece ancora l'uomo.

«Ci mancherebbe» disse a quel punto Giorgetta.

«Avrei bisogno di un aiuto... di un favore, diciamo. Voi forse siete così gentili da volermelo accordare.»

Si era presentato velocemente: le ragazze avevano capito che doveva essere un uomo importante. «Sono il direttore di un ufficio pubblico di Carrara» così aveva detto. All'inizio dell'estate era sfollato a San Terenzo per sfuggire ai bombardamenti. Aveva raccontato che doveva andare a Valla. «La conoscete la fattoria di Valla?»

«Certo, sta proprio qui sopra, mia cugina è lassù dall'altra notte perché aveva paura dei tedeschi a San Terenzo» disse Beppina.

«Ah ecco, ecco.»

Il signore aveva continuato a spiegare che a Valla lo aspettavano sua moglie e sua nipote: dovevano fare un piccolo trasloco, ma aveva bisogno di una mano per portar via delle cose.

«Ma voi state a Valla?» aveva chiesto ancora Giorgetta.

«Mia moglie e mia nipote sono lì, adesso però me le riporto a Carrara.»

Le ragazze continuavano a guardarlo in silenzio.

«... e dunque, ecco, avremmo appunto bisogno di una mano, per portare delle cose almeno fino a San Terenzo, fino alla provinciale. Mia moglie non sta bene, sapete... Magari voi potete venire con me.»

Le ragazze si guardarono.

«Ovviamente vi pagherei bene per questo servizio. È una cosa da poco, un'ora e siete di nuovo alle vostre faccende.»

Le ragazze si guardarono ancora. Fu Beppina, a quel punto, a parlare: «Va bene...».

«Bene! Bene! Siete proprio gentili.»

«Però prima dobbiamo passare al campo, dobbiamo avvertire mia mamma che torniamo più tardi.»

«No! No, non c'è tempo. Guardate, facciamo velocissimo, vi pago bene, ve l'ho detto, ma ho proprio poco tempo e dobbiamo andare subito.»

Le ragazze esitavano.

«Facciamo veloce, prometto. Mezz'ora andiamo, mezz'ora torniamo.»

«Se facciamo veloce...» disse Giorgetta guardando la cugina.

«Ottimo, certo. Facciamo veloce. Andiamo. Da dove si fa prima?»

Mentre camminava più spedito che poteva su per il sentiero, l'uomo sudava tutto dentro la camicia. A un certo punto dovette fermarsi, perché il fiato non gli reggeva e il cuore gli batteva all'impazzata. Si tolse la giacca, arrotolò le maniche della camicia, appoggiò la giacca sulla spalla destra.

Quella mattina era stato buttato giù dal letto dalla processione di camion nazisti che aveva invaso la provinciale, chiudendo in pochi minuti l'entrata e l'uscita del paese. Sua moglie, sua nipote e due cognati erano scappati a Valla la sera prima. Lui aveva avuto un bel dire che dovevano restare a San Terenzo, «perché San Terenzo non la toccano, lo hanno promesso». Non era riuscito a convincerli, e forse lui per primo non era troppo convinto. «Chi ha certezze in momenti come questi?» si era detto.

La mattina del 19 agosto, mentre osservava dalla finestra il plotone di SS in mimetica che si ingrossava, fu colto da un presentimento che divenne presto una certezza: scese in strada così com'era, con le ciabatte e la camicia buttata sopra i pantaloni, si avvicinò a un ufficiale fermo all'incrocio con la salita che portava all'osteria di Oligeri e alla chiesa. Aveva imparato un po' di tedesco, il necessario. Tirò fuori dalla tasca dei pantaloni un foglio con la sua qualifica: funzionario della Repubblica di Salò. Il soldato iniziò a guardarlo prima con stupore, poi con attenzione. Bastarono poche parole: sedici SS uccise, la fattoria di Valla, il rastrellamento, centosessanta italiani dovevano morire. A Valla c'erano più di cento persone. E c'era anche la famiglia del direttore.

«La mia famiglia, c'è tutta la mia famiglia a Valla» aveva detto il direttore, in tedesco, all'ufficiale. La voce gli era diventata flebile come quella di un bambino.

«*Wie viele?* Quanti sono?»

«Mia moglie, mia nipote, i suoi genitori... Io sono un fascista... Sono il direttore...»

«*Wie viele?*»

«Quattro... Quattro persone.»

Il tedesco continuava a guardarlo impassibile, come se non afferrasse fino in fondo il senso di quella supplica. «Sono un fascista.»

«Trova altre quattro persone» disse a quel punto il soldato, tornando a voltare gli occhi e la faccia verso la strada. Non aggiunse una parola. Ricominciò a impartire ordini ai suoi uomini: la colonna di SS doveva procedere ordinata e compatta.

Il direttore tornò in casa, correndo per le scale, saltando i gradini, inciampando sullo scalino dell'ingresso mentre manovrava con la chiave nella serratura.

Vide il suo riflesso sul vetro della finestra. Si sistemò la camicia, prese la giacca. Quattro persone: quattro persone in cambio della sua famiglia.

Lui ne trovò soltanto due.

Avevano camminato per almeno mezz'ora: il direttore davanti, le due ragazze poco più indietro, a due passi da lui. Mentre il sentiero si apriva su una radura più ampia in mezzo al bosco di castagni, Giorgetta vide un gruppo di soldati tedeschi: erano almeno una decina, sembrava un posto di blocco. Valla stava solo duecento metri più sopra. «I tedeschi!» fece la ragazza. «I tedeschi.» Ma l'uomo non si era fermato. Le due cugine, invece, avevano smesso di camminare e quando lui vide che non lo seguivano più tornò indietro. «Che cosa fate ferme qui?»

«Ci sono i tedeschi.»

«E allora?»

«E allora non veniamo, abbiamo paura.»

«Ma è normale, sono lì per un controllo, per tenere sicura la zona. Li conosco, ci penso io.» E si girò di nuovo per riprendere la salita. Le cugine però continuavano a stare ferme. L'uomo allora si avvicinò a Giorgetta, la strattonò afferrandola per una spalla. «Andiamo, forza. Venite su adesso o li chiamo io i tedeschi.»

La ragazza iniziò a piangere e Beppina si mise di mezzo: «Lasciatela, lasciatela stare. Ma cosa fate, cosa volete fare adesso?» diceva. Piangeva anche lei. I soldati a quel punto si voltarono. Tre di loro lasciarono il gruppo e raggiunsero le cugine e l'uomo che teneva ancora Giorgetta ferma per la spalla, stringendogliela tutta. Come vide le SS che si avvicinavano, lasciò la presa. Non sembrava avere paura. Quando i soldati furono abbastanza vicini, iniziò a parlargli. Si esprimeva in un tedesco incerto, modulava con fatica i suoni di quella lingua asciutta che alle orecchie delle ragazze sembrava spaventosa. Le SS guardavano un po' le due cugine un po' lui, poi si fissavano fra loro. L'uomo tirò fuori dalla tasca della giacca un foglio ripiegato in quattro. Lo aprì, lo porse ai nazisti. Uno dei soldati lo prese e se lo mise davanti, tenendolo al centro e un po' distante da sé in modo che potessero vederlo anche gli altri due. Si guardarono ancora, dissero di nuovo qualcosa. Uno di loro si allontanò veloce verso Valla, staccandosi dal gruppo.

Le due giovani non capivano, non sapevano cosa pensare. Si erano avvicinate, l'una all'altra, tenendosi strette le mani, mentre l'uomo e le SS continuavano a parlare fitto. Lui sembrava sempre più agitato.

Quanto tempo passò? Giorgetta sentì la mezza suonare giù da Ceserano.

«Noi dobbiamo andare» diceva. «Noi dobbiamo andare, ci aspettano i nostri genitori al campo.» Ma nessuno la guardava. «Per favore, signore, per favore, dobbiamo andare. È tardi...»

Da dietro la curva videro tornare il soldato. Non era solo. Con lui c'erano due donne che gli stavano accanto, scortate. Camminavano con gli occhi bassi, il passo incerto e dondolante, come se si stessero trascinando. Una era molto giovane, più giovane di Beppina, sembrava appena adolescente. L'altra era una donna fatta. Portava una bella gonna di cotone color blu pavone e aveva una camicetta bianca che doveva essere stata di una stoffa fine ma adesso era tutta macchiata di terra e di chiazze giallastre e brune. Come videro l'uomo, entrambe iniziarono a piangere e a gridare, la più giovane urlava «zio zio zio», e agitava la mano. Anche la più grande piangeva, e si copriva tutta la faccia con i palmi per nascondere le lacrime.

Lui iniziò ad agitarsi, «sono qui, sono qui». Giunte all'altezza del posto di blocco, le donne si fermarono. Una delle SS che le aveva accompagnate fino a quel punto prese un altro foglio: lo teneva nella tasca della mimetica. Lo aprì. Lo passò al soldato rimasto per tutto il tempo accanto al direttore e alle due cugine. «*Du kannst weitermachen*», si può procedere, disse.

Lo scambio avvenne molto velocemente. Due soldati presero Giorgetta e Beppina, ognuna per un braccio, e cominciarono a trascinarle sul sentiero verso Valla. Le ragazze piangevano, si divincolavano. «*Schnell! Schnell! Bewegt euch!*» Le SS avevano iniziato a gridare. Le cugine provarono a buttarsi a terra ma la presa dei soldati era troppo violenta. I nazisti continuarono a trascinarle via, con le gambe che strusciavano sul sentiero ruvido di foglie e di ghiaino.

Dietro di loro, l'uomo e le due donne si stavano finalmente abbracciando.

Erano le tredici e trenta. Era il pomeriggio del 19 agosto 1944.

I soldati avevano radunato le donne sotto il pergolato di vite. Dalla casa dei Barucci, la casa padronale, gli uomini avevano iniziato a uscire uno dietro l'altro, circondati dalle SS che li spingevano coi calci delle mitragliatrici. L'ufficiale gridava: «Andate sotto il pergolato, anche voi, sotto il pergolato».

Romano Oligeri si era tenuto in disparte rispetto agli altri. Era rimasto per tutto il tempo sul fondo della cucina e mentre i nazisti gli davano le spalle per compattare la fila degli uomini prima di farli uscire, si era buttato dentro il grande camino che stava nell'angolo destro. Si era accucciato tutto proteso dentro la cappa, aveva provato a nascondersi spostando dei tronchi di legno davanti a lui, e si teneva rannicchiato come quando era bambino, in posizione fetale dietro i tronchi, cercando di farsi più piccolo che poteva. Respirava a malapena, nascondendo la faccia dentro le braccia.

Uscirono tutti, il ragazzo pensò di essere rimasto solo, così alzò la testa, appena appena. Dalla porta era entrata di nuovo una SS: lo stava guardando, stringeva la pistola mitragliatrice nella mano destra. Non diceva nulla. Romano rimase immobile, poi alzò le mani: tirò su le braccia e le mani, mostrando i palmi, la bocca socchiusa, le spalle che tremavano, anche la mascella tremava. Il soldato continuava a fissarlo: puntò la *Maschinenpistole* verso Romano Oligeri e gli scaricò una raffica sulla faccia e sul petto. Il ragazzo fu sbalzato all'indietro, schiantò la schiena contro il fondo del camino accasciandosi dentro una nuvola nera di caligine.

A quel punto il grande tavolo di legno al centro della cucina si mosse tutto, facendo tremare le gambe pesanti e anche il ripiano su cui una pila di piatti iniziò a tintinnare. C'era un uomo, sotto il tavolo, si chiamava Nikita Filippi. Aveva provato a nascondersi anche lui, sfuggendo al controllo dei soldati. Come vide la SS scaricare la mitragliatrice contro Romano Oligeri, cercò di alzarsi ma non fece in tempo: una raffica lo colpì alla schiena e al collo mentre era ancora carponi, staccandogli quasi la testa. L'uomo cadde sul pavimento, proprio davanti al tavolo, con la faccia contro le piastrelle azzurre.

Sotto il pergolato, Palmira aveva ritrovato la Lea e Angiolina. Le aveva viste accasciate sull'erba, vicine, appoggiate a un paletto di legno che reggeva il canniccio da cui pendevano i grappoli violacei. Avevano le facce pallide, gli occhi vuoti, e Palmira si era fatta loro incontro, si era inginocchiata con loro. «Eccovi qui, eccovi qui.» Le tre donne erano rimaste così, abbracciate, Palmira accarezzava la testa di Angiolina, teneva le mani della Lea, stavano strette sotto i grappoli violacei, col sole altissimo sul pascolo verde e giallo d'arsura, davanti a quei tre cumuli di paglia rigonfi che erano stati messi in mezzo al campo, a una decina di metri da loro.

Anche le altre famiglie si erano ritrovate, adesso erano di nuovo tutti insieme, e si abbracciavano e piangevano: le mogli e i mariti e i figli e i nonni e le nonne e i cugini e gli zii.

Alle tredici e trenta, davanti alla fattoria di Valla, c'erano i Chinca, gli Oligeri – Anna e i suoi figli, tutti tranne Romano, che era stato mitragliato nel camino della casa padronale insieme a Nikita Filippi – e i Cecchini, Clara, Pietrino e la piccola Rita, coi loro genitori, i loro nonni e tutti i parenti. C'erano i Tonelli, i Tanca, i Terenzoni – i tre fratellini Leandro, Beppina e la Bruna –, c'erano gli Orfanotti, i Guelfi, i Pasquini, i Simonelli, i Morelli, i Nardi, i Gerini. C'era una ragazza che si chiamava Enia Valtriani e che era sfollata da Lerici. Da quando era arrivata a San Terenzo, qualche mese prima, per scappare ai bombardamenti, si era allevata una gallina, una bella gallina grassoccia, con le piume tutte bianche, e la portava sempre con sé. La gallina la seguiva dappertutto, come fosse un cagnolino, Enia le voleva bene, la sua mamma la guardava e scuoteva la testa dicendo: «Se vai avanti così, finisce che te la porti anche nel letto». Quando le SS li fecero mettere tutti sotto il pergolato, Enia era rimasta sola a Valla, non c'era la sua mamma e non c'era il suo fratellino Franco: erano in paese, a San Terenzo. Enia aveva solo la gallina lì con lei, se la teneva forte tra le braccia.

Le cicale frinivano dentro il caldo che faceva vibrare tutto l'orizzonte. Le Apuane, così, sembravano ancora più bianche e più grandi e più lontane davanti a loro. E parevano vive, il tremore della luce sembrava che le facesse respirare.

A un tratto gli uomini, le donne e i bambini sentirono un sibilo attraversare l'aria: alzarono tutti la testa verso l'alto, verso il cielo pallido nel sole rovente, e videro che il sibilo bianco scoppiava in una palla rossa e brillante contro il cielo, lasciando un pulviscolo iridescente nell'aria. Rimasero così, fermi con le facce all'insù, a guardare quelle luci sfarinarsi in minuscole scintille sempre più flebili.

I soldati erano scesi tutti nel pascolo. Palmira vide che si mettevano dietro ai cumuli di paglia rigonfi e che muovevano qualcosa da dentro, e allora si accorse che dal giallo intenso della paglia spuntavano le canne nere e spesse di tre grosse mitragliatrici.

Gli uomini, le donne, i bambini iniziarono a urlare, un lamento che riempì tutta l'aria intorno, coprì ogni altro suono, salì denso e forte in tutta la valle. Un ufficiale, intanto, diceva qualcosa che nessuno capiva.

Palmira non piangeva, non gridava. Strinse le mani di Angiolina che le stava accanto, se le mise davanti alla pancia, guardava la mitragliatrice sotto il sole bollente e osservava le mani di Angiolina che si erano fatte piccole dentro le sue. Le strinse ancora più forte.

E poi vide, sopra di lei, un grappolo d'uva che si staccava quasi dal tralcio: aveva gli acini viola e brillanti, erano così belli che non si ricordava di averne mai visti di uguali.

15

Roberto Oligeri si era seduto vicino a me, sulla panchina che si trovava proprio accanto alla lapide, sotto al pergolato. Il sole era quasi completamente sceso e l'orlo delle Apuane era già diventato rosso. Avevo tirato i piedi sopra la panchina e me ne stavo con le ginocchia strette al petto a guardare l'erba sempre più scura mano a mano che saliva la sera. Si stava facendo freddo, ma era così quieto, intorno, così silenzioso, che non avevo voglia di alzarmi. Non mi sembrava ancora il momento di tornare a casa.

A volte i luoghi, come le persone, si portano dentro un destino. Lo conservano intatto senza sapere di averlo e poi succede che quel destino si disvela in una curva della storia, intima o collettiva, e a quel punto ogni cosa sembra ritrovare un senso nuovo: il filo interrotto si riannoda, il disegno si compie.

Roberto Oligeri mi aveva detto che la gente del paese, per portare via gli uomini e le donne e i bambini di Valla, aveva usato delle trage. Le trage erano dei grossi carri di legno trascinati dai buoi, che continuarono a essere adoperati dai contadini di San Terenzo fino quasi alla fine degli anni Cinquanta. La leggenda raccontava che su una tragia, tredici secoli prima, il corpo senza vita del santo

Terenzio aveva risalito la collina, attraverso i boschi di castagni e i sentieri scoscesi che tagliavano le Apuane incidendo quella terra chiamata Lunigiana, la terra della luna, e si era infine fermato al torrente Bardine, dove fu costruita prima la chiesa e poi il paese che custodì le spoglie del santo e ne prese il nome.

I corpi furono portati via sulle trage, nella notte, quando i primi uomini arrivarono alla fattoria trovando viva solo una bambina, accucciata in mezzo ai cadaveri: era Clara Cecchini, la figlia dei mezzadri, aveva sette anni. Rimase sotto ai corpi dei suoi genitori fingendosi morta, mentre le SS passavano a finire chi ancora agonizzava. Quando il maggiore Walter Reder, comandante della 16ª Divisione Reichsführer-SS, aveva firmato l'ordine di esecuzione nell'osteria di Mario Oligeri, il numero dei condannati di Valla era centocinque. Se ci aggiungevi i cinquantatré prigionieri catturati a Valdicastello e impiccati a Bardine, e poi Stella e Giuseppe Vangeli uccisi la sera del 17 agosto sotto gli occhi della loro figlia Maria, arrivavi al numero finale: *einhundertsechzig*, centosessanta. Dieci italiani per ognuno dei sedici tedeschi morti al Bardine, sotto la casa della mia bisnonna, tra il torrente e il campo di granturco. Ma Alba Terenzoni e Adelitta erano scappate nel bosco, passando attraverso la stretta finestrella che dava sul pollaio, nel retro della cucina dei Cecchini. Sotto il pergolato finirono centotré persone. Cinquantaquattro erano le donne, ventisei i bambini. Il parroco di San Terenzo, don Michele Rabino, era stato ammazzato qualche ora prima, nella rimessa della canonica, mentre dava da mangiare ai conigli insieme alla piccola Maria Vangeli. Il mugnaio della Gronda, Isidoro Innocenti, venne assassinato nel suo campo di fagioli, lungo il torrente Bardine.

Fu Alba Terenzoni a dare l'allarme: la videro arrivare in paese che era già quasi sera, con la sua bambina stretta al seno, sporca di sangue e di terra e di sudore, ferita e stremata, con gli occhi che a forza di piangere sembravano due piccole pozze liquide e rosse. Fu lei a dire, mentre in paese la guardavano increduli: «A Valla... i tedeschi... Andate a Valla».

Durante la notte, dopo Mario Oligeri, dopo Renato Terenzoni, arrivò a Valla anche la mamma di Enia Valtriani e trovò sua figlia a pancia in giù, con la faccia riversa nel campo: la riconobbe per via della gonna che portava, la sua bella gonna ampia a quadri bianchi e azzurri. Si avvicinò, la girò, mentre la girava vide volare via la gallina bianca che Enia si era tenuta sotto la pancia per tutto quel tempo. Quando raccontava quella storia, la madre diceva sempre: «Vedendo la gallina bianca, ho pensato che quella era l'anima di Enia che volava via».

Le trage vennero riempite di corpi sfigurati, tranciati via dai colpi delle mitragliatrici usate a una distanza tanto ravvicinata. Le MG tedesche avevano una gittata di due chilometri, i nazisti le piazzarono a meno di quindici metri dalle loro vittime. Il sangue era così denso che il terreno non riusciva ad assorbirlo e gli uomini, arrivando nel buio, ci camminavano in mezzo pensando che fosse acqua. Al cimitero di San Terenzo fu scavata una fosse comune: non c'era tempo per il funerale. E gli uomini e le donne e i bambini furono messi tutti insieme, in questa grande buca fatta in fretta, mentre i soldati tedeschi continuavano a pattugliare le strade.

Gli impiccati di Bardine, invece, furono sepolti solo tre giorni dopo il massacro. La gente aveva paura che portando via i cadaveri i tedeschi avrebbero fatto nuove rappresaglie. Fu un ragazzo di Carrara il primo che si fece coraggio e iniziò a slegare quei poveri corpi dal filo di ferro che li teneva legati ai pali, alle siepi, ai cancelli. Si chiamava Almo Baracchini, aveva diciannove anni. Gli uomini vennero seppelliti nel campo di granturco, davanti alla casa della mia bisnonna, lì dove tutto era cominciato. Ad aiutare Almo c'era anche padre Lino Delle Piane, un frate di Soliera, il primo che nel pomeriggio del 19 agosto aveva scoperto la fila degli impiccati passando con la sua bicicletta lungo la provinciale. Fu sempre padre Lino a trovare il corpo di don Michele Rabino, ammazzato nella conigliera davanti alla chiesa. E fu ancora lui a scrivere, nel novembre del 1945, la prima cronaca di quanto aveva visto a San Terenzo. Quella cronaca si concludeva così: «Il lettore, anche il più indulgente, arrivato al termine di questo articolo certamente si domanderà: ma possono essere veri questi fatti? È mai possibile che un uomo arrivi a fare tanto? Sono, del resto, gli stessi uomini che poterono vedere, constatare e fotografare quanto ho raccontato, a essere proclivi, alla sola distanza di un anno, a dare del leggendario e non dello storico a quanto essi poterono vedere. Ed è bene, io penso, che sia così. Sono la reputazione e l'onore del nostro secolo e della nostra civiltà che vogliono che queste crudeltà passino alla generazione futura come leggendarie. Perché gli autori di queste crudeltà, anche se furono dei tedeschi e degli italiani delle Brigate nere, furono anch'essi degli uomini, e degli uomini della nostra generazione».

Mia nonna scoprì che cosa era successo a Valla solo tre giorni dopo, quando tutto era già finito: i corpi sepolti, il sangue asciugato. Decise allora di tornare a vivere a San Terenzo, insieme alla piccola Angela, perché suo padre e i suoi fratelli erano rimasti soli e lei pensava che non ce l'avrebbero fatta. Sul campo davanti alla casa di Bardine, i pali che reggevano le viti, le siepi e i cancelli erano pieni di segni rossi e neri: le tracce del sangue lasciato dagli uomini impiccati. Nessuno ha mai più coltivato quel campo: a poco a poco le viti si inselvatichirono e con la fine della guerra e dopo la morte del mio bisnonno Angelo la casa fu abbandonata e poi venduta, le piane tornarono incolte, quindi selvagge, il bosco cominciò a riprendere il posto degli orti e delle viti che tanto faticosamente gli erano stati strappati secoli prima.

Fu Alfonsino a raccontare a mia zia Angela che cosa era accaduto, al Bardine e poi a Valla. Era rimasto orfano della sua mamma, Angiolina, e di sua nonna Palmira. Un anno più tardi, mentre giocava con alcuni compagni in una piana pochi metri sotto casa, una mina inesplosa saltò per aria portandogli via il braccio sinistro.

Mia madre nacque tre anni dopo la fine della guerra, il 6 maggio 1948. Fu mia zia a sceglierle il nome, decise di chiamarla Mira, come il diminutivo della nonna. Mia madre ha gli occhi verdi e le lentiggini che si vedono bene sul naso, ancora adesso che ha compiuto settantaquattro anni, e le guance un po' tonde come le mie. Quando era bambina, la guerra abitava i suoi incubi come poi avrebbe abitato i miei. Ma erano incubi sempre più lontani, e gli anni di quello che avrebbero chiamato il «benessere» le regalarono le opportunità che non aveva avuto mia zia Angela, nata nell'ultima generazione prima della guerra. La prima opportunità, su tutte: studiare. Con grandissimi sacrifici, mia madre, figlia di due genitori quasi analfabeti, erede di una secolare stirpe di uomini e donne che avevano coltivato la terra senza altra possibilità di futuro o di riscatto o di scelta, prese il diploma magistrale e poi decise di non fermarsi: si laureò prima in Lingua francese, a Pisa, perché era l'unica facoltà a cui aveva accesso all'epoca con il suo diploma, quindi prese una seconda laurea, in Lettere. Nel 1968 mia madre aveva vent'anni ma non partecipò alle rivolte studentesche che infiammavano le piazze. Non poteva comprenderle. L'università era una conquista così grande, per lei, che nessuna lotta di classe poteva distrarla. La sua lotta di classe lei l'aveva già combattuta arrivando lì, esattamente dov'era, in quelle aule e su quei banchi.

Mia zia, di nove anni più grande, fu costretta a interrompere gli studi in quinta elementare. Si sposò molto giovane, a diciotto anni, ha avuto tre figli e molti nipoti, oggi anche dei bisnipoti. Questa cosa della scuola interrotta è stata sempre, per lei, un grandissimo cruccio. Fu lei, quando si doveva decidere se mia madre dovesse proseguire o meno gli studi, a insistere perché andasse avanti. Quando era già anziana, scrisse un diario per ricordare la sua infanzia, gli anni di Bardine e di San Terenzo, gli anni della guerra e poi quelli immediatamente successivi, gli anni di nonna Palmira e di nonno Angelo, gli anni di Alfonsino e di Clara Cecchini. Sono pagine intense e bellissime, e se io ho potuto scrivere questo libro, se ho potuto ricostruire i luoghi e gli odori e le angosce e le paure, lo devo anche a quelle pagine. Il diario si conclude proprio con il racconto dell'interruzione dei suoi studi, l'amarezza, il dolore e la delusione per una scelta che non fu sua, e in fondo non fu neppure una scelta dei suoi genitori: fu l'ineluttabile conseguenza dei tempi e della storia, che tanti ha stritolato in quegli anni a cavallo della guerra, generazioni interrotte da ferite mai rimarginate.

«In quinta elementare» scriveva mia zia nel suo diario, «sono promossa molto bene, ma io non sono contenta: tutti i miei compagni infatti vanno a Lerici per frequentare l'avviamento, ma non ci sono mezzi di trasporto e a scuola a Lerici bisogna andarci a piedi, e secondo i miei genitori io non ho la salute abbastanza buona. Io però non la penso come loro, e li sfinisco così tanto che alla fine decidono di mandarmi in collegio. Nell'estate mi preparo per l'esame di ammissione e così entro nel collegio di Gaggiola alla Spezia, tenuto dalle Madri pie di Ovada. Il primo ottobre inizia la scuola: è un clima molto severo, non mi attrae molto, tutto è controllato dalla Madre Superiora, anche la posta che arriva o che parte, ogni lettera in partenza va lasciata aperta. In collegio c'è un'insegnante esterna, è una signorina, molto dolce e timida, insegna economia domestica ma dà a chi lo chiede lezioni di pianoforte. La musica mi è sempre piaciuta, grazie al nonno Angelo che ogni volta che torno al Bardine, quasi tutte le sere, dopo cena suona il violino. Allora alla prima visita che mi fa la mamma, le chiedo titubante di poter fare lezioni di pianoforte. Prima di andare via, la mamma va dalla Madre Superiora e quando ritorna mi annuncia che non è possibile, perché queste lezioni sono care e lei e il babbo non se le possono permettere. Mi rattristo un poco ma mi consolo con lo studio, sento invece molto di più la mancanza del babbo: ora lavora a bordo delle grandi navi da crociera che vanno in America, così rimane lontano da casa anche sei mesi. Quasi alla fine dell'inverno, dopo una caduta fatta sulla strada fuori dal collegio, mi ammalo: ho sempre la febbre molto alta, con dei forti dolori di pancia, e un'infezione alla gamba sinistra, così la mamma su consiglio della Madre Superiora mi riporta a casa. Il dottore, subito chiamato, dice che è una brutta infezione al fegato, infatti dopo pochi giorni divento tutta gialla, dalla testa ai piedi, compreso dentro gli occhi, e poi quasi nera. Sto male per più di un mese, poi lentamente mi riprendo, guarisco, ma purtroppo per me la scuola è finita. Finisce così anche il mio sogno di studiare, sì, perché la malattia ha convinto ancora di più la mamma e il babbo che lo studio non fa per me.

«Però ho continuato a leggere, mi piace tanto, e leggo da sempre tutto quello che mi capita tra le mani, anche i ritagli dei giornali che per caso mi si trovano davanti. Ho avuto come alleata zia Viviana, che mi ha sempre passato tutto quello che lei aveva già letto. Mi ha aiutato anche a convincere la mamma che tutte le ragazze della mia età leggevano i giornali, così da allora ogni tanto potevo andare dalla Fiò a comprarmi l'"Intrepido".

«Non mi arrendo mai, anche quando vedo degli ostacoli vado avanti, così è sempre stato e sarà sempre. Spero di non avervi annoiato, ma ho sentito il bisogno di raccontare quello che ritengo è stato più importante per me. L'ho fatto perché i miei nipoti spesso mi hanno chiesto come vivevo quando ero piccola, e perché non avessi studiato come tante persone della mia età. Ebbene, desidero confidarvi che a trentasette anni, dopo aver seguito negli studi tutti e tre i miei figli, ho preso: la licenza media.»

Solo nei romanzi esistono le conclusioni, ma il nostro tempo forse è davvero circolare come credevano gli inca.

Non esistono l'inizio e la fine, sono anch'essi delle costruzioni, nient'altro che delle proiezioni. E la nostra vita, forse, non è che un flusso inarrestabile attraverso le generazioni, in cui il compito che ci viene dato è quello di conoscere e di capire. Non si può rinunciare a capire, non si può smettere di conoscere. Solo così potremo abbattere un pezzo della nostra paura, solo così chi verrà dopo di noi avrà un po' meno paura.

«Come si sopravvive a una cosa del genere?»

Avevo infilato le mani dentro le maniche del cappotto: il vento che si era alzato dalle Apuane arrivava in piccole onde sempre più fredde sotto il pergolato, faceva gelare i piedi e la punta del naso.

Roberto Oligeri si strinse nelle spalle, alzando il colletto del suo giaccone. «Facendo ognuno la propria parte.»

«Sembra semplice, detta così.» Sorrisi.

«Il fatto è che non ci sono alternative, e dunque forse sì, in un certo senso diventa semplice: cioè, non ci sono alternative all'andare avanti. Quando passi attraverso una cosa del genere, e resti vivo, senti che l'unico desiderio che hai è di continuare a restare vivo, e dunque di andare avanti. Così qui le persone hanno fatto la loro parte, ciascuno per quello che poteva, e nessuno si è sottratto, mai.»

Oligeri aveva ragione: ognuno aveva fatto la sua parte, l'aveva fatta sempre. Ed era questa, in fondo, l'unica cosa che restava, l'unica cosa importante. Ognuno aveva fatto la sua parte, e tutti erano rimasti vivi. L'avevano fatta Mario Oligeri e poi suo figlio Roberto, da tutta la vita. L'avevano fatta Luisa Chinca e Alfonsino Angelotti, l'aveva fatta Clara Cecchini, l'aveva fatta la cuoca Adalgisa e l'aveva fatta Emma, Emma Tonelli. L'aveva fatta Silvana, che aveva portato il tedesco ferito fino al comando, la sera del 17 agosto. L'aveva fatta Alba e l'aveva fatta Adelitta, l'aveva fatta Maria, dopo aver visto ammazzati i suoi genitori e anche don Michele Rabino nella vecchia rimessa davanti alla canonica, l'aveva fatta Ottorino Chinca, zio Torino, e l'aveva fatta il Memo, il partigiano Memo che aveva continuato ad andare a tutte le commemorazioni del 19 agosto, ogni anno, da solo, con la bandiera arrotolata sulla spalla. L'avevano fatta padre Lino Delle Piane e Almo Baracchini, l'aveva fatta il procuratore Marco De Paolis, che ha dato un po' di giustizia a quelle morti, e poi l'avevano fatta la mia nonna, la mia zia, la mia mamma. Ognuno aveva fatto la sua parte, per quello che poteva. E alla fine, alla fine l'avevo fatta anch'io, tornando a San Terenzo, o andandoci per la prima volta. E adesso, mentre me ne stavo lì con Roberto Oligeri a guardare l'orizzonte, sulla panchina fredda accanto alla lapide, sotto il pergolato di vite, mi sembrava che fossero tutti lì con me, Alba, Adelitta, Adalgisa, Emma, Maria, il Memo, don Michele, Angiolina, Clara e Mario e anche zio Torino, che era rimasto a piangere al mulino di Soliera la sua Lea ammazzata a Valla. Mi sembrava che fosse con me anche Palmira, e non l'avevo mai vista così nitidamente, neppure nei miei sogni, era la prima volta che la vedevo davvero.

Avevamo fatto la nostra parte, tutti quanti, allora rimasi in silenzio, perché adesso ci eravamo finalmente detti tutto e non c'era davvero più nient'altro da aggiungere. Sfiorai la manica del giaccone di Oligeri, accanto a me: «È tardi» gli dissi, «mi sa proprio che dobbiamo andare». Ma lui non sembrava ascoltarmi. Se ne stava con il colletto alzato e le mani sotto il mento, i gomiti sulle ginocchia.

Aveva la faccia tutta protesa verso il grande pascolo verde di fronte a noi. Respirava piano.

«E così hai deciso di scrivere un libro su tutta questa storia» disse a un certo momento. Mi prese di sorpresa.

Io non lo guardavo. Guardavo dritto di fronte a me, le Apuane sempre più scure che ritagliavano l'orizzonte.

«Sì» risposi alla fine.

Mi voltai verso di lui, aspettai.

«Sono contento.»

Roberto Oligeri allora mi sorrise e io chiusi gli occhi, per trattenere il suo sorriso, al sicuro, sotto le ciglia.

Al lettore

Tutti i fatti narrati in questo libro sono veri. Tutti i nomi sono veri, e veri sono i luoghi, le case, le donne, gli uomini, i momenti.

Le licenze narrative, necessarie per tornare indietro nel tempo e rievocare emozioni e atmosfere che altrimenti sarebbero andate perdute, sono state usate cercando di tradire il meno possibile lo spirito e la voce originaria delle fonti che mi hanno consentito di rimettere in fila, pezzo dopo pezzo, le settantadue ore in cui si è consumato l'eccidio nazifascista di San Terenzo Monti, tra il 17 e il 19 agosto 1944.

Questo ha comportato dei rischi: trasformare le persone in personaggi è inevitabilmente una forzatura, che spero abbia deformato il meno possibile il sentire più profondo di chi ha vissuto sulla propria pelle quegli avvenimenti.

Le fonti: le memorie, innanzitutto, mie e della mia famiglia. E poi quelle degli altri sopravvissuti e dei loro cari, che continuano a tenere viva con determinazione e coraggio la potenza drammatica, emotiva e anche spirituale di un trauma impossibile da superare, ancora oggi, settantanove anni dopo la strage.

Importanti sono state le carte dei processi: la sentenza del processo alla Brigata nera di Apuania (Perugia, 21 marzo 1950), e quella che ha condannato il maggiore della 16ª Divisione Reichsführer-SS Walter Reder (Bologna, 31 ottobre 1951). Infine, la sentenza della Corte militare d'appello che ha condannato i nazisti Josef Baumann, Wilhelm Kusterer, Max Schneider e Helmut Wulf (Roma, 20 aprile 2011).

Preziose sono state le cronache di padre Lino Delle Piane, pubblicate per la prima volta nel novembre del 1945, e riportate nel libro di Giorgio Giannelli, *Versilia. La strage degli innocenti* (Edizioni Versilia Oggi, Querceta 1994).

Fondamentale, per l'accuratissimo lavoro di ricerca storica sul campo, il saggio *Poetiche e politiche del ricordo. Memoria pubblica delle stragi nazifasciste in Toscana*, a cura di Pietro Clemente e Fabio Dei (Carocci-Regione Toscana, Roma-Firenze 2005).

La resistenza civile di una nazione, di un popolo, di un paese – perfino di un paese minuscolo come San Terenzo – si può tenere viva soltanto restituendo piena verità e piena dignità anche al destino degli ultimi. Questo è un libro sugli ultimi: non sugli eroi, non sui carnefici, non sui governi. È un libro sugli ultimi ed è a loro che è dedicato, perché su di loro si è costruita l'ossatura forte e imperfetta di tutto il nostro presente, dunque anche del mio.

Questo libro è stampato col sole

Azienda carbon-free

Finito di stampare
nell'aprile 2023 presso
Grafica Veneta – via Malcanton 2, Trebaseleghe (PD)